Hemingway

Gefährlicher Sommer

Ernest
Hemingway

Gefährlicher Sommer

Deutsch
von Werner Schmitz

Aufbau-Verlag

Titel der amerikanischen Originalausgabe
THE DANGEROUS SUMMER
Mit einem Nachwort
von Wolfgang de Bruyn
Mit 28 Fotos
und einer Karte

1. Auflage 1988
Aufbau-Verlag Berlin und Weimar
Ausgabe für die Deutsche Demokratische Republik
mit Genehmigung der Rowohlt Verlag GmbH, Reinbek bei Hamburg

Die Originalausgabe erschien bei Charles Scribner's Sons,
New York 1985
Gesamtgestaltung Günter Brandt
Karl-Marx-Werk, Graphischer Großbetrieb, Pößneck V 15/30
Printed in the German Democratic Republic
Lizenznummer 301. 120/178/88
Bestellnummer 613 679 8
00980

ISBN 3-351-01020-6

Dank an Joan O'Connor, der John F. Kennedy Library, A. E. Hotchner, Russell Burrows und der Tinker Library of the Spanish Institute of America für ihre hilfreiche Unterstützung beim Recherchieren.

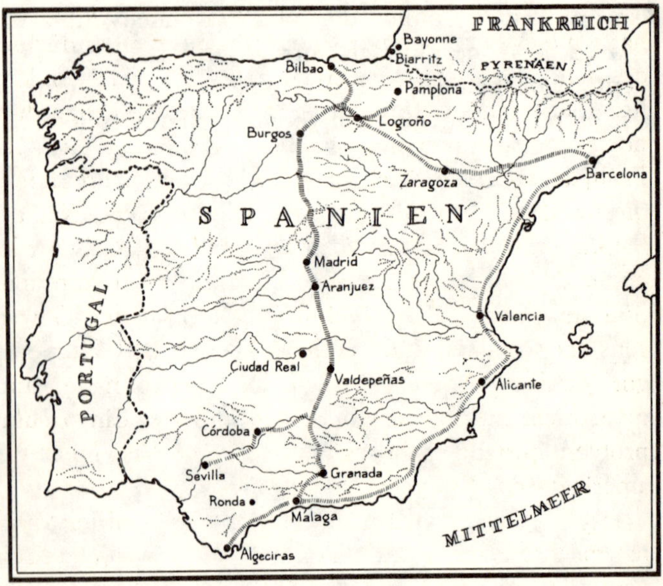
FRANKREICH
Bayonne
Biarritz
PYRENÄEN
Bilbao
Pamplona
Logroño
Burgos
Zaragoza
Barcelona
SPANIEN
Madrid
Aranjuez
PORTUGAL
Valencia
Ciudad Real
Valdepeñas
Alicante
Córdoba
Sevilla
Granada
Ronda
Malaga
MITTELMEER
Algeciras

1

Es war seltsam, wieder nach Spanien zu kommen. Ich hatte nie erwartet, in das Land zurückkehren zu dürfen, das ich außer meiner Heimat mehr als jedes andere liebe, und ich wollte nicht zurückkehren, solange dort noch einer von meinen Freunden in Haft war. Aber im Frühjahr 1953 sprach ich in Kuba mit guten Freunden, die im spanischen Bürgerkrieg gegeneinander gekämpft hatten, darüber, ob wir wohl auf dem Weg nach Afrika einen Zwischenaufenthalt in Spanien einlegen könnten, und sie waren alle der Meinung, daß ich guten Gewissens nach Spanien zurückkehren könnte, falls ich nichts von dem widerriefe, was ich geschrieben hatte, und mich nicht zu politischen Fragen äußerte. Ein Visumproblem bestand nicht, es wurden keine Visa mehr für amerikanische Touristen verlangt.

1953 war keiner meiner Freunde mehr inhaftiert, und ich machte Pläne, mit meiner Frau Mary zur *feria* nach Pamplona zu fahren und von dort nach Madrid, um den Prado zu besuchen, und anschließend, falls wir dann noch auf freiem Fuß waren, nach Valencia zu den dortigen Stierkämpfen weiterzureisen, bevor wir uns nach Afrika einschifften. Mary konnte nichts passieren, das wußte ich, da sie in ihrem ganzen Leben noch nicht in Spanien gewesen war und außerdem nur die feinsten Leute kannte, die ihr, falls sie in Schwierigkeiten geraten sollte, mit Sicherheit sofort zu Hilfe eilen würden.

Wir passierten Paris und fuhren auf schnellstem Wege durch Frankreich, über Chartres, das Loiretal und die Umgehungsstraße von Bordeaux nach Biarritz, wo mehrere Leute, gestiefelt und gespornt, auf uns warteten, um sich uns beim Grenzübertritt anzuschließen. Wir aßen zusammen und tranken und verabredeten eine Zeit, zu der wir uns in unserem Hotel in Hendaye Plage treffen wollten, um gemeinsam über die Grenze zu gehen. Einer unserer Freunde war im Besitz eines Briefes von Herzog Miguel Primo de Rivera, seinerzeit spanischer Botschafter in London, der angeblich imstande war, Wunder zu wirken, falls ich in Schwierigkeiten geriete. Dies munterte mich etwas auf.

Es hatte gräßlich geregnet, als wir in Hendaye ankamen, und auch am Morgen noch war es düster und bedeckt, so daß man vor lauter Wolken und Dunst die spanischen Berge nicht sehen konnte. Unsere Freunde erschienen nicht zur verabredeten Zeit. Ich gab ihnen eine Stunde und dann noch eine halbe Stunde, dann brachen wir auf zur Grenze.

Am Kontrollposten war es ebenfalls gräßlich. Ich brachte die vier Pässe zur Polizei hinein, wo der Inspektor meinen ausführlich studierte, ohne aufzusehen. Das ist in Spanien zwar üblich, aber nicht sehr beruhigend.

„Sind Sie irgendwie mit Hemingway, dem Schriftsteller, verwandt?“ fragte er, noch immer nicht aufblickend.

„Ich gehöre zur Familie“, antwortete ich.

Er blätterte in den Seiten des Passes und betrachtete dann das Foto.

„Sind Sie Hemingway?“

Ich nahm irgendwie Haltung an und sagte: „A sus ordenes“, was im Spanischen nicht nur „zu Ihren Diensten“ heißt, sondern auch „zu Ihrer Verfügung“. Ich hatte dies unter den verschiedensten Umständen sagen hören und hoffte, das Richtige im richtigen Ton gesagt zu haben.

Jedenfalls stand er auf, streckte seine Hand aus und

sagte: „Ich habe alle Ihre Bücher gelesen, und sie gefallen mir sehr. Ich stempele das hier ab und will zusehen, daß ich Ihnen beim Zoll behilflich sein kann."

So kehrten wir also nach Spanien zurück, und es schien zu schön, um wahr zu sein. Jedesmal, wenn der Posten der Guardia Civil an einem der drei Kontrollpunkte am Bidassoa uns anhielt, erwartete ich, daß wir in Gewahrsam genommen oder zur Grenze zurückgeschickt würden. Aber jedesmal prüften die Posten nur sorgfältig und höflich unsere Pässe und winkten uns fröhlich weiter. Wir, ein amerikanisches Ehepaar, ein lustiger Italiener, Gianfranco Ivancich aus dem Véneto, und ein italienischer Fahrer aus Udine, wollten die *feria* von San Fermín in Pamplona besuchen. Gianfranco, ein ehemaliger Kavallerieoffizier, der unter Rommel gekämpft hatte, war ein guter Freund von uns, der bei uns gelebt hatte, als er in Kuba arbeitete. Er hatte uns mit dem Wagen in Le Havre abgeholt. Der Fahrer Adamo wollte unbedingt Leichenbestatter und Beerdigungsunternehmer werden. Er hat es geschafft, und sollten Sie je in Udine sterben, werden Sie mit ihm zu tun bekommen. Niemand hat ihn je gefragt, auf welcher Seite er im spanischen Bürgerkrieg gekämpft hatte, und ich hoffte manchmal, um meines Seelenfriedens auf dieser ersten Fahrt willen, daß er auf beiden Seiten gekämpft hatte. Nachdem ich ihn kennen- und seine geradezu leonardische Vielseitigkeit schätzenlernte, halte ich das durchaus für möglich. Auf der einen Seite könnte er für seine Überzeugungen kämpfen, auf der anderen für sein Land oder die Stadt Udine, und wäre da noch eine dritte Partei, könnte er auch noch für seinen Gott oder die Firma Lancia oder die Beerdigungsindustrie kämpfen, die er alle gleichermaßen verehrte.

Wenn Sie fröhlich reisen wollen, so wie ich es tat, dann reisen Sie mit waschechten Italienern. Wir saßen mit zwei Prachtexemplaren in einem gut eingefahrenen Lancia, kletterten das grüne Tal des Bidassoa hinauf, die Straße dicht von Kastanienbäumen gesäumt, und als wir höher kamen, lichtete sich der Nebel, und ich wußte, daß es hinter dem Col de Velate klar sein würde, wenn wir uns auf die Hochebene von Navarra hinunterschlängelten.

Dies Buch soll vom Stierkampf handeln, doch damals hatte ich an ihm wenig Interesse, ich wollte ihn nur Mary und Gianfranco zeigen. Mary hatte Manolete bei seinem letzten Auftritt in Mexiko kämpfen sehen. Es war ein windiger Tag gewesen, und er hatte die beiden schlechtesten Stiere gezogen, aber ihr hatte die ziemlich miserable *corrida* gefallen, und ich wußte, wenn ihr diese schon gefiel, würde ihr der Stierkampf überhaupt gefallen. Es heißt, wenn man ein Jahr lang auf den Stierkampf verzichten kann, dann kann man für immer darauf verzichten. Das stimmt zwar nicht, enthält aber ein Körnchen Wahrheit. Außer einigen Kämpfen in Mexiko hatte ich seit vierzehn Jahren keinen mehr gesehen. Freilich bin ich mir in dieser Zeit oft wie im Gefängnis vorgekommen; allerdings fühlte ich mich ausgeschlossen, nicht eingeschlossen.

Ich hatte gelesen und von zuverlässigen Freunden gehört, daß in den Jahren von Manoletes Herrschaft und danach einige Mißbräuche im Stierkampf eingerissen waren. Um die führenden Matadore zu schützen, hatte man die Hörner der Stiere an den Spitzen abgeschnitten und dann so abgehobelt und gefeilt, daß sie wie echte Hörner aussahen. Sie wurden durch diese Prozedur so empfindlich wie ein bis aufs Fleisch abgekauter Fingernagel; und wenn man den Stier dazu bringen konnte, mit den Hörnern gegen die Planken der *barrera* zu knallen, tat ihm dies so weh, daß er sich hütete, danach noch mit irgend etwas anderem in Berührung zu kommen.

Die gleiche Wirkung hatte es natürlich, wenn er gegen die eisenschwere Stoffpanzerung stieß, mit der die Pferde damals geschützt wurden.

Durch das Kürzen der Hörner verlor der Stier auch seinen Sinn für Entfernungen, und der Matador war viel weniger in Gefahr, erwischt zu werden. Ein Stier lernt auf der Ranch, seine Hörner bei den täglichen Händeln, Streitigkeiten und manchmal ernsthaften Kämpfen mit seinen Brüdern zu gebrauchen, und so kann er von Jahr zu Jahr kundiger und geschickter damit umgehen. Die Manager gewisser Star-Matadore, die alle auch noch eine Reihe unbedeutenderer Matadore unter Vertrag hatten, versuchten deshalb, die Stierzüchter dazu zu bringen, etwas zu züchten, was wir den Halb-Stier oder *medio-toro* nennen. Das ist ein Stier, der kaum älter als drei Jahre alt ist und daher mit seinen Hörnern noch nicht allzugut umgehen kann. Damit er in den Beinen nicht zu kräftig wird und dann mit der *muleta* nicht mehr zu stoppen ist, darf der Weg von der Weide zur Wasserstelle nicht zu weit sein. Das erforderliche Gewicht soll durch Kornfütterung erreicht werden. So sieht er also aus wie ein Stier, ist so schwer wie ein Stier und kommt so schnell herein wie ein Stier. Aber in Wirklichkeit ist er nur ein Halb-Stier, und die Schinderei zermürbt ihn und macht ihn fügsam und schließlich hilflos, falls der Matador nicht sehr behutsam mit ihm umgeht.

Verwunden oder töten kann er einen trotzdem jederzeit, auch wenn das Horn abgefeilt ist, mit einem einzigen kurzen, harten Stoß. Viele Leute sind von abgefeilten Hörnern verwundet worden. Aber ein Stier mit beschnittenen Hörnern ist mindestens zehnmal so sicher zu handhaben und zu töten wie ein Stier mit intakten Hörnern.

Der Durchschnittszuschauer kann das beschnittene Horn nicht erkennen, da er keine Erfahrung mit Tierhörnern hat und das etwas Grauweiße, Aufgerauhte einfach nicht sieht. Zuschauer betrachten die Enden der Hörner, sehen dort eine schön glänzende, schwarze Spitze und haben keine Ahnung, daß dieser Effekt dadurch erzielt wurde, daß man das Horn mit gebrauchtem Schmieröl eingerieben und poliert hat. Das gibt dem abgefeilten Horn einen schöneren Glanz, als wenn Sie Ihre abgewetzten Jagdstiefel mit Lederseife behandeln; aber für einen geübten Beobachter ist es ebenso mühelos zu erkennen wie für einen Juwelier ein Makel an einem Diamanten, nur kann man es aus viel größerer Entfernung sehen.

Die skrupellosen Manager der Zeit Manoletes und der Jahre danach waren oft auch gleichzeitig Veranstalter, oder sie steckten mit den Veranstaltern und gewissen Stierzüchtern unter einer Decke. Sie bevorzugten für ihre Matadore den Halb-Stier, und viele Stierzüchter konzentrierten sich darauf, ihn in großen Mengen zu produzieren. Sie züchteten die Größe herunter, um Schnelligkeit, Sanftmut und lockere Wildheit zu erzielen, und dann mästeten sie sie mit Korn, um den Eindruck von Größe vorzutäuschen. Wegen der Hörner brauchten sie sich keine Sorgen zu machen. Hörner konnten beschnitten werden, und das Publikum, das die Wunder sah, die sich mit solchen Tieren vollbringen ließen – Männer, die rückwärts kämpften; Männer, die ins Publikum starrten, statt auf den Stier, wenn er unter ihren Achselhöhlen vorbeiraste; Männer, die sich vor dem grimmigen Tier hinknieten und den linken Ellenbogen ans Ohr des Stiers legten und so taten, als sprächen sie durchs Telefon mit ihm; Männer, die ihm das Horn streichelten und Degen und *muleta* fortschleuderten und wie Schmierenkomödianten ins Publikum starrten, während der Stier angeschlagen und blutend und hypnotisiert dastand –, das Publikum, das einem solchen

Zirkus zusah, glaubte, es sei Zeuge eines neuen Goldenen Zeitalters des Stierkampfes.

Mußten die skrupellosen Manager einmal echte Stiere von anständigen Züchtern akzeptieren, mit unbeschnittenen Hörnern, dann gab es immer noch eine Möglichkeit, daß den Stieren in den dunklen Gängen und steinernen Boxen der Stierkampfarena, in die sie nach der Auswahl am Mittag der *corrida* gesperrt wurden, etwas passierte. Hatte man beim *apartado* (dem Auswählen und Verbringen der Stiere in die Boxen) einen Stier mit feurigen Augen gesehen, der schnell war wie eine Katze und kräftig in allen vier Beinen, und dieser Stier kam dann später auf schwachen Hinterbeinen herein, dann könnte ihm jemand einen schweren Futtersack aufs Kreuz geknallt haben. Oder wenn er wie ein Schlafwandler in die Arena schlich und dem Matador nichts anderes übrigblieb, als trotz der Benommenheit des Stiers mit ihm zu arbeiten, wenn er also ein apathisches Tier vor sich hatte, das nicht mehr wußte, wozu seine großen Hörner eigentlich da waren, dann könnte ihm jemand mit einer großen Pferdespritze eine Ladung Barbiturate verpaßt haben.

Manchmal mußte natürlich auch gegen echte Stiere mit unbeschnittenen Hörnern gekämpft werden. Und die besten Kämpfer konnten es auch, taten es aber nicht gern, weil es zu gefährlich war. Doch sie taten es alle ein paarmal im Jahr.

Aus mehreren Gründen also, besonders deswegen, weil mir der Zuschauersport fremd geworden war, hatte ich viel von meinem alten Gefühl für den Stierkampf verloren. Doch eine neue Generation von Kämpfern war herangewachsen, und die wollte ich unbedingt sehen. Ich hatte ihre Väter gekannt, manche davon sehr gut, aber nachdem einige von ihnen gestorben waren und andere aus Angst oder anderen Ursachen versagt hatten, war ich entschlossen, nie wieder einen Stierkämpfer zum Freund haben zu wollen, da ich zu sehr um sie und mit ihnen litt, wenn sie aus Angst oder angstbedingter Unfähigkeit mit einem Stier nicht fertig werden konnten.

In jenem Jahr, 1953, wohnten wir außerhalb der Stadt in Lecumberri und fuhren jeden Morgen um halb sieben die fünfundzwanzig Meilen nach Pamplona, um rechtzeitig zum Hereintreiben der Stiere durch die Straßen um sieben da zu sein. In dem Hotel in Lecumberri machten wir auch unsere Freunde ausfindig und verbrachten die üblichen wüsten sieben Tage zusammen. Nach sieben Tagen unablässiger Festivitäten kannten wir alle einander ziemlich gut und mochten uns sehr, jedenfalls die meisten von uns; mit einem Wort: es war eine gute Fiesta gewesen. Am Anfang hatte ich den goldverzierten Rolls-Royce des Earl of Dudley für ein wenig protzig gehalten. Jetzt fand ich ihn reizend. So war das in jenem Jahr.

Gianfranco hatte sich einer der tanzenden, trinkenden *cuadrillas* aus Schuhputzern und aufstrebenden Taschendieben angeschlossen, und sein Bett in Lecumberri sah recht wenig von ihm. Er machte Lokalgeschichte, als er sich eines Tages in dem abgezäunten Durchgang, durch den die Stiere in die Arena kommen, schlafen legte, um auf jeden Fall beim *encierro* wach zu sein und ihn nicht, wie es ihm eines Morgens passiert war, zu versäumen. Er hat ihn nicht versäumt. Die Stiere sind über ihn hinweggerannt. Die Mitglieder seiner *cuadrilla* platzten vor Stolz.

Adamo war jeden Morgen in der Arena und wollte unbedingt die Erlaubnis haben, einen Stier töten zu dürfen, aber das Management hatte andere Pläne.

Das Wetter war grauenhaft, und Mary wurde bei den

Kämpfen naß bis auf die Haut und holte sich eine schwere fiebrige Erkältung, die sie bis Madrid nicht mehr los wurde. Die Stierkämpfe waren nicht besonders gut, bis auf ein historisches Ereignis: Es war das erste Mal, daß wir Antonio Ordóñez sahen.

Daß er großartig war, erkannte ich schon an der ersten langen langsamen Bewegung, die er mit der *capa* ausführte. Es war, als wären alle großen *capa*-Schwinger, und davon gab es viele, wieder lebendig und kämpften wieder, nur daß er besser war. Auch mit der *muleta* war er vollkommen. Er tötete gut und ohne Schwierigkeiten. Ich beobachtete ihn genau und kritisch und wußte, er würde ein ganz großer Matador werden, falls ihm nichts zustieß. Damals wußte ich noch nicht, daß er groß sein würde, ganz gleich, was ihm zustieß, und daß sein Mut und seine Leidenschaft mit jeder ernsten Verletzung noch zunehmen würden.

Vor Jahren hatte ich seinen Vater Cayetano gekannt und ihn und seinen Kampfstil in „Fiesta" porträtiert. Alles in diesem Buch, was sich innerhalb der Stierkampfarena zuträgt, ist wirklich passiert und beschreibt, wie er kämpfte. Alles, was sich außerhalb der Arena abspielt, ist frei erfunden und fiktiv. Er hat das immer gewußt und sich nie über das Buch beschwert.

Als ich Antonio mit dem Stier beobachtete, sah ich, daß er über all das verfügte, was sein Vater in seiner großen Zeit auch gehabt hatte. Cayetano besaß absolute technische Perfektion. Er konnte seine Untergebenen lenken, die *picadores* und die *banderilleros*, so daß die gesamte Arbeit mit dem Stier, die drei Stadien, die zu seinem Tod führen, geordnet und durchdacht verlief. Antonio war noch um vieles besser: von dem Augenblick an, in dem der Stier in die Arena kam, zielte jedes Manöver mit der *capa*, jede Bewegung der *picadores* und die Plazierung jeder *pica* klug auf die Vorbereitung des Stiers zum letzten Akt des Stierkampfes: auf seine Beherrschung durch das rote Tuch der *muleta*, die ihn auf seinen Tod durch den Degen vorbereitet.

Im modernen Stierkampf genügt es nicht mehr, daß der Stier nur von der *muleta* beherrscht wird, so daß er mit dem Degen getötet werden kann. Der Matador muß, wenn der Stier noch fähig ist anzugreifen, eine Reihe klassischer Manöver ausführen, ehe er tötet. Bei diesen Manövern muß der Stier den Körper des Matadors in Reichweite der Hörner passieren. Je näher der Stier dem Körper des Mannes auf dessen Aufforderung und Lenkung kommt, desto größer ist der Nervenkitzel für den Zuschauer. Die klassischen Manöver sind alle äußerst gefährlich, und der Stier muß dabei mit dem roten Tuch, das der Matador an einem vierzig Zoll langen Stab vor sich hält, geführt werden. Es sind viele Tricks erfunden worden, bei denen in Wirklichkeit der Mann den Stier und nicht der Stier den Mann passiert oder in denen er sich dessen Passieren zunutze macht und ihm dabei gewissermaßen salutiert, statt die Bewegungen des Stiers zu kontrollieren und zu lenken. Die aufregendsten solcher Salutiermanöver werden bei Stieren ausgeführt, die in gerader Linie angreifen: der Matador, der weiß, daß dann vergleichsweise wenig Gefahr besteht, wendet dem Stier den Rücken zu, um das Manöver einzuleiten. Ebensogut hätte er auch eine Straßenbahn an sich vorbeirauschen lassen können, aber das Publikum liebt solche Tricks.

Als ich Antonio Ordóñez das erste Mal sah, merkte ich, daß er sämtliche klassischen Manöver ohne täuschende Tricks ausführen konnte, daß er sich mit Stieren auskannte, daß er, wenn er wollte, gut töten konnte und daß er ein Genie mit der *capa* war. Ich sah, daß er über die drei großen Tugenden des Matadors verfügte: Mut, Geschick in seinem Beruf und Grazie im Angesicht der

Todesgefahr. Aber als mir ein gemeinsamer Freund beim Verlassen der Arena nach dem Kampf erzählte, Antonio wolle, daß ich ihn im Hotel „Yoldi" besuchen komme, da dachte ich: Laß dich nicht wieder auf Freundschaften mit Stierkämpfern ein, und schon gar nicht mit diesem, von dem du weißt, wie gut er ist und wieviel du verlieren würdest, falls ihm etwas zustoßen sollte.

Zum Glück habe ich nie gelernt, gute Ratschläge, die ich mir selbst gebe, und Eingebungen meiner Ängste ernst zu nehmen. Als ich daher Jesús Córdoba traf, den mexikanischen Stierkämpfer, der in Kansas geboren war, ausgezeichnet Englisch spricht und mir am Tag zuvor einen Stier gewidmet hatte, fragte ich ihn, wo das „Yoldi" zu finden sei, und er bot sich an, mich hinzuführen. Jesús Córdoba war ein prächtiger Bursche und ein guter und intelligenter Matador, und ich unterhielt mich gern mit ihm. Er verließ mich vor der Tür zu Antonios Zimmer.

Antonio lag nackt auf dem Bett; ein Handtuch diente ihm als Feigenblatt. Als erstes fielen mir seine Augen auf, die dunkelsten, glänzendsten, heitersten Augen, in die ich je geblickt hatte, und das ausgelassene, jungenhafte Grinsen, und ich sah auch die wulstigen Narben auf seinem rechten Oberschenkel. Antonio streckte mir die linke Hand entgegen, die rechte hatte er sich beim zweiten Todesstoß böse mit dem Degen verletzt, und sagte: „Setzen Sie sich aufs Bett. Sagen Sie mir: bin ich so gut wie mein Vater?"

Ich sah also in diese seltsamen Augen, das Grinsen war jetzt verschwunden und mit ihm jeder Zweifel, ob wir Freunde sein würden, und sagte ihm, er sei besser als sein Vater, und erzählte ihm, wie gut sein Vater gewesen sei. Dann sprachen wir von seiner Hand. Er sagte, in zwei Tagen werde er wieder damit kämpfen. Der

Schnitt war tief, hatte aber keine Sehnen oder Bänder durchtrennt. Dann kam ein von ihm angemeldetes Telefongespräch mit seiner Verlobten Carmen zustande, der Tochter seines Managers Dominguín und Schwester des Matadors Luis Miguel Dominguín, und ich verzog mich außer Hörweite vom Telefon. Als das Gespräch beendet war, sagte ich ihm auf Wiedersehen. Wir verabredeten, uns im „El Rey Noble“ zusammen mit Mary zu treffen, und seither sind wir Freunde.

Als wir Antonio das erste Mal kämpfen sahen, hatte sich Luis Miguel Dominguín schon vom Stierkampf zurückgezogen. Wir lernten ihn auf Villa Paz kennen, einer Ranch, die er gerade in der Nähe von Saelices an der Straße Madrid – Valencia erworben hatte. Miguels Vater kannte ich seit vielen Jahren. Er war zu seiner Zeit, in der es zwei große Matadore gab, ein guter Matador gewesen und später ein sehr fähiger und cleverer Geschäftsmann. Und er hatte Domingo Ortega entdeckt und gemanagt. Dominguín und seine Frau hatten drei Söhne und zwei Töchter. Alle drei Söhne waren Matadore. Luis Miguel war geschickt und talentiert in allem, er war ein großer *banderillero* und das, was die Spanier einen *torero muy largo* nennen, das heißt, er besaß ein umfangreiches Repertoire an Manövern und eleganten Tricks, konnte mit einem Stier alles anstellen und ihn so gut töten, wie er wollte.

Es war Dominguín, der Vater, der uns einlud, Luis Miguel auf seiner neu erworbenen Ranch zu besuchen und auf unserem Weg nach Valencia dort zu Mittag zu essen. Mary, Juanito Quintana, ein alter Freund aus Pamplona, der das Vorbild für den Hotelbesitzer Montoya in „Fiesta“ war, und ich erreichten das kühle, abgedunkelte Haus nach einer Fahrt durch die Julihitze Neukastiliens, wo der heiße Wind aus Afrika die Spreu aus den Dreschböden entlang der Straße in die Luft gewirbelt hatte. Luis Miguel war ein charmanter Mann; dunkel, groß, schmale Hüften, der Hals für einen Stierkämpfer eine Spur zu lang, mit ernster, spöttischer Miene, die von professioneller Verachtung zu ungezwungenem Lachen wechseln konnte. Antonio Qrdóñez war dort, mit Carmen, Luis Miguels jüngerer Schwester. Sie war sehr dunkel und sehr schön, hatte ein liebliches Gesicht und war wunderbar gewachsen. Sie und Antonio waren verlobt und wollten in diesem Herbst heiraten, und an allem, was sie taten und sagten, konnte man erkennen, wie verliebt sie ineinander waren.

Wir besichtigten die Tiere, das Geflügel, die Ställe und das Gewehrzimmer, und ich betrat den Käfig eines Wolfs, den man vor kurzem in der Gegend gefangen hatte, und spielte mit ihm, was Antonio großen Spaß machte. Der Wolf sah gesund aus, und nichts sprach dafür, daß er Tollwut hatte, also dachte ich mir, schlimmstenfalls kann er dich beißen, warum also nicht zu ihm hineingehen und sehen, ob du was mit ihm anfangen kannst. Der Wolf war sehr sympathisch, er erkannte in mir jemand, der Wölfe mochte.

Wir sahen uns den neuen Swimmingpool an, der noch nicht gefüllt war, und bewunderten die lebensgroße Bronzestatue von Luis Miguel; es ist selten, daß ein Mann so was zu seinen Lebzeiten auf seiner eigenen *finca* stehen hat, und ich fand, Miguel sah besser aus als seine Statue, obwohl diese ein klein wenig vornehmer wirkte. Aber es ist schwierig für einen Mann, mit seiner eigenen Bronzestatue im eigenen Garten zu konkurrieren.

Das nächste Mal sah ich Miguel im Mai 1954 in Madrid, nachdem wir aus Afrika zurück waren. Er besuchte uns in unserem Zimmer im „Palace Hotel“, wo wir uns alle an einem stürmisch-windigen, regnerischen Tag nach einer besonders miserablen *corrida* versammelt hatten. Das Zimmer war voller Leute und Gläser und Rauch und viel zuviel Gerede über etwas, das man besser vergessen sollte, und Miguel sah wirklich furchtbar aus. Wenn er gut beieinander ist, sieht er aus wie eine Mischung aus Don Juan und einem guten Hamlet, aber an diesem Abend sah er abgespannt, kaputt und müde aus.

Miguel war zwar immer noch nicht in die Arena zurückgekehrt, plante aber, ein paar Kämpfe in Frankreich zu machen, und ich fuhr ein paarmal mit ihm hinaus aufs Land, in Richtung Escorial, das im Windschatten der Guadarramas lag, wo er mit jungen Kampfkühen trainierte, um zu sehen, wie lange er brauchen würde, um sich wieder in Kampfform zu bringen. Ich sah ihm gern bei der Arbeit zu, sah, wie hart er arbeitete, ohne Pause und ohne sich zu schonen, und wie er, wenn er müde wurde und ihm die Luft ausging, erst recht loslegte, bis nicht er, sondern das Tier erschöpft war. Dann ließ er sich sofort das nächste Tier bringen und wartete schweißüberströmt und tief atmend, um wieder Luft zu bekommen, auf das neue Tier. Ich bewunderte seine Grazie und seine Gewandtheit und sein *toreo*, das heißt, wie er mit den Stieren umging, bewunderte seine körperlichen Fähigkeiten, seine wunderbare Beinarbeit, seine Reflexe, sein ungeheures Repertoire an Manövern und sein enzyklopädisches Wissen über Stiere. Es war ein großes Vergnügen, ihn dort draußen arbeiten zu sehen, und das Land war schön jetzt im Frühling, da der Regen aufgehört hatte. Nur eins machte mir zu schaffen: sein Stil berührte mich überhaupt nicht.

Die Art, wie er mit der *capa* umging, gefiel mir nicht. Durch Zufall hatte ich alle großen *capa*-Schwinger seit Beginn des modernen Stierkampfs mit Belmonte gesehen, und selbst hier auf freiem Feld konnte ich erkennen, daß Luis Miguel nicht zu ihnen gehörte. Aber das war nur eine Nebensache, ich fühlte mich sehr wohl in seiner Gesellschaft. Er hatte einen spöttischen Humor und war sehr zynisch, und als wir das Glück hatten, ihn für eine Weile auf unserer *finca* in Kuba zu Gast zu haben, lernte ich eine Menge von ihm über alles mögliche. Wir führten Tag für Tag lange Gespräche am Swimmingpool, wenn ich mit der Arbeit fertig war. Zu der Zeit hatte Luis Miguel nicht die Absicht, wieder zum Stierkampf zurückzukehren. Er war unverheiratet und nutzte das weidlich aus. An einem Tag hatte er dies im Kopf, am nächsten jenes. Abends ging er mit dem spanischen Dichter Augustin de Foxa aus, der als Sekretär bei der spanischen Botschaft arbeitete. Augustin genoß das Leben in vollen Zügen, und während seiner Zeit mit Foxa dachte Luis Miguel, der mit unserem Fahrer Juan meist erst kurz vor oder nach Tagesanbruch auf die *finca* zurückkam, allen Ernstes daran, die diplomatische Laufbahn einzuschlagen.

Er dachte auch daran, sich aufs Schreiben zu verlegen. Wenn Ernesto schreiben kann, wird er sich überlegt haben, kann es ja nicht schwer sein. Ich erklärte ihm, es sei kinderleicht, wenn man es richtig anpackte, und erzählte ihm, wie ich es machte. Also verbrachten wir beide ein paar Vormittage mit Schreiben, und mittags brachte er, was er aufgeschrieben hatte, mit an den Swimmingpool.

Miguel war ein prachtvoller Gefährte, ein idealer Gast, und er erzählte mir einige der tollsten Sachen, die ich je über das Leben und den Stierkampf gehört habe.

Das war einer der Umstände, die die 1959er Saison so schrecklich machten. Wäre Luis Miguel ein Feind gewesen und nicht mein Freund und Carmens Bruder und Antonios Schwager, wäre die Sache einfach gewesen. Oder auch nicht einfach, wer weiß, aber man hätte sich, außer als Mensch, nichts daraus gemacht.

2

Von Ende Juni 1954 bis August 1956 waren wir in Kuba und arbeiteten. Ich war in schlechter Verfassung. Ich hatte mir bei Flugzeugabstürzen in Afrika schwere Rükkenverletzungen zugezogen und versuchte, wieder auf die Beine zu kommen. Niemand wußte genau, was aus meinem Rücken werden würde, bis wir die Sache vor Cabo Blanco, Peru, testeten, als wir für den Film „Der alte Mann und das Meer" einen riesengroßen Marlin fischen mußten. Er hielt gut durch, der Rücken, und nachdem wir unsere Arbeit an dem Film recht und schlecht hinter uns gebracht hatten, waren wir den August über in New York.

Am 1. September liefen wir aus dem New-Yorker Hafen aus. Wir hatten vor, von Paris aus nach Spanien zu fahren, um Antonio in Logroño und Zaragoza kämpfen zu sehen, und dann weiter nach Afrika zu reisen, wo wir noch einiges zu erledigen hatten.

Wir landeten, inmitten eines Gewirrs von Reportern und Kameraleuten beiderlei Geschlechts, in Le Havre und fanden dort Mario Casamassima mit einem neuen alten Lancia vor. Gianfranco hatte ihn uns von Udine aus entgegengeschickt, als Ersatz für Adamo, der in der Begräbniswelt von Udine und Umgebung ein so wichtiger Mann geworden war, daß er seine Klienten, genau wie ein beliebter Geburtshelfer, nicht mehr allein lassen konnte.

Er sei todunglücklich, schrieb Adamo, daß er nicht kommen und mit uns durch Spanien reisen könne, aber er sei sicher, Mario sei ein würdiger Vertreter seiner Heimatstadt, die übrigens pro Kopf der Bevölkerung die höchste Prozentzahl an Lancias aller Städte der Welt aufzuweisen habe. Mario war Rennfahrer, angehender Fernsehregisseur, und er konnte das Dach des Lancia wie einen Lastesel beladen und alles festschnüren und mit diesem Aufbau, der jeder Stromlinienform widersprach, alles überholen, was Mercedes auf die Straße schickte. Außerdem war er das, was die Franzosen „debrouillard" nennen, das heißt, er kam aus jedem Schlamassel wieder raus, und wenn man etwas brauchte, konnte er es nicht nur in Massen besorgen, sondern sogar leihweise von irgendeinem neuen, ergebenen Freund. Solche Freunde fand er an jedem Abend, in Werkstätten, an Tankstellen, in Hotels. Er konnte kein Wort Spanisch, kam aber prima zurecht.

Wir trafen gerade rechtzeitig zur *corrida* in Logroño ein. Sie war sehr gut. Die Stiere waren mutig, groß, schnell und unmanipuliert, und die Matadore arbeiteten dicht am Stier, sehr dicht, so dicht wie überhaupt möglich, und jeder gab sein Bestes.

Antonios Arbeit mit der *capa* schnürte mir die Luft ab. Nicht so, als wenn man vor Schluchzen zu ersticken droht, wie der Franzose auf dem klassischen Gemälde vom Untergang Frankreichs, sondern so, als ob einem Brust und Kehle zusammengepreßt würden, während der verschwommene Blick etwas wieder lebendig werden sieht, was man schon längst für tot gehalten hat. Seine Arbeit war reiner und schöner und dichter am Stier und riskanter, als es überhaupt möglich war, und er beherrschte die Gefahr und bemaß sie exakt, auf den Millimeter genau. Und während der ganzen Zeit behielt er die Kontrolle über ein halbtonnenschweres, angreifendes Tier, das an beiden Seiten seines Kopfes eine tödliche Waffe trug, er führte das Tier mit seiner Perkal-*capa* immer wieder an seiner Hüfte und seinen Knien vorbei und stellte Figuren mit ihm, die in der Beziehung der beiden Gestalten zu der langsamen führenden Bewegung der *capa*, die sie verschmolz, an Schönheit keiner der Skulpturen gleichkam, die ich je gesehen hatte.

Als er seine erste Serie von *veronicas* beendet hatte, sahen wir uns an, Rupert Belville, unser englischer Freund und seit Jahrzehnten *aficionado*, Juanito Quintana und ich, und schüttelten die Köpfe. Wir waren sprachlos. Mary drückte heftig meine Hand.

Der Anfang war also gemacht, und dann tat er das für diesen Stier genau Richtige, und was er für das Beste hielt, er legte eine großartige *faena* hin, und dann tötete er ihn so, wie ich es gern hatte. Er liebte Geheimnisse, und dieses kannte ich bis dahin noch nicht. Das Geheimnis war, daß er ihn *recibiendo* tötete, das heißt, man provoziert den Angriff durch Vorbeugen des linken Knies und Vorwärtsschwenken der *muleta* und erwartet stehend den Angriff des Stiers, und sobald dieser den Kopf senkt und die Vertiefung zwischen seinen Schulterblättern freigibt, stößt man den Degen mit gestrecktem Handgelenk aus der Handfläche hinein und lehnt sich dagegen, so daß Mann und Stier beim Eindringen des Degens eine Einheit bilden, und währenddessen fixiert die linke Hand mit der *muleta* den Kopf des Stiers unten, ganz unten, um ihn vom Kampf abzulenken. Es ist die schönste Art des Tötens, und der Stier muß während der ganzen *faena* darauf vorbereitet werden. Es ist aber auch die gefährlichste, denn wenn der Stier mit der linken Hand nicht vollkommen beherrscht werden kann und den Kopf hebt, dringt das Horn genau in die Brust ein. In jenem Herbst 1956 tötete Antonio seine Stiere *recibiendo*, weil es ihm gefiel und um dem Publikum zu zeigen, was er konnte, und aus Stolz, etwas zu tun, was die anderen nicht tun konnten oder wollten, und um mir eine Freude zu machen.

Das erfuhr ich erst am Ende der Saison, als er mir einen Stier mit folgenden Worten widmete: „Ernesto, du und ich, wir wissen beide, daß dieses Tier nichts taugt, aber versuchen wir mal, ob ich ihn so töten kann, wie du es gern hast."

Er schaffte es. Aber noch vor dem Ende der Saison sagte mir Dr. Tamames, der sein und Luis Miguels Privatarzt und alter Freund war: „Falls Sie Einfluß auf ihn haben sollten, sagen Sie ihm bitte, er soll es nicht zu weit treiben. Sie wissen ja, wohin die *cornada* zielt, und ich bin sein Arzt."

Nach der letzten *corrida* in Zaragoza hatte ich die Nase voll und beschloß, für eine Weile mit den Stieren aufzuhören. Ich wußte, Antonio konnte es mit jedem Stier aufnehmen und einer der größten Matadore werden, und ich wollte nicht, daß ihm sein Platz in der Geschichte durch die jetzt üblichen Manipulationen strittig gemacht oder irgendwie besudelt würde. Ich wußte, daß der moderne Stierkampf, die heutige Art zu kämpfen, viel gefährlicher war und unendlich viel dichter am Stier und besser ausgeführt wurde als in früheren Zeiten, und ich wußte, daß man dazu den Halb-Stier brauchte. Mir konnte das egal sein. Sollten sie Halb-Stiere nehmen, solange diese groß genug waren, um respektabel zu sein, und keine *novillos* oder zugelassenen Dreijährigen, wenn man nur die Hörner intakt ließ und nicht an ihnen herummanipulierte. Aber manchmal, in bestimmten Städten, würde er mit echten Stieren kämpfen müssen, und ich war sicher, daß er das konnte, daß er mit ihnen genausogut arbeiten konnte wie die allergrößten Stierkämpfer.

Luis Miguel hatte eine reizende Frau geheiratet und war aus seinem Ruhestand zurückgekehrt. Allerdings kämpfte er in Frankreich und in Nordafrika. Man hatte mir gesagt, in Frankreich seien die Hörner aller Stiere abgehobelt, und ich hatte kein Interesse, dort hinzufahren. Ich beschloß zu warten, bis Miguel wieder in Spanien kämpfen würde.

Also fuhren wir zurück nach Kuba und arbeiteten dort

und auch in Ketchum, Idaho, in den Jahren 1957 und 1958. Mary kümmerte sich eine lange, schlimme Zeit hindurch sehr intensiv um mich, und durch hartes Arbeiten und viel Bewegung wurde ich wieder gesund und kräftig.

1958 war ein großes Jahr für Antonio. Zweimal waren wir drauf und dran rüberzufahren, aber ich konnte meine Arbeit an dem Roman, den ich gerade schrieb, nicht unterbrechen.

Wir schickten Antonio und Carmen eine Weihnachtskarte, und ich schrieb Antonio, wir hätten zwar die 1958er Saison verpaßt, würden aber die 1959er Saison auf keinen Fall verpassen und rechtzeitig Mitte Mai zur *feria* von San Isidro in Madrid eintreffen.

Als es soweit war, hatte ich überhaupt keine Lust, Amerika zu verlassen, und auch Kuba nicht, wo wir gerade waren. Der Golfstrom drängte gerade auf die Küste zu, und die großen schwarzflügeligen fliegenden Fische zeigten sich, genau am letzten Tag, als ich mit der „Pilar" an der Küste entlang nach Havanna fuhr. Und wir mußten nach New York fliegen, um das Schiff nach Algeciras zu besteigen! Einen Frühling auf dem Golfstrom versäumte ich nur sehr ungern, aber ich hatte Weihnachten mein Wort gegeben, daß ich nach Spanien kommen würde. Allerdings unter dem Vorbehalt, daß ich, wenn die Stierkämpfe gestellt oder manipuliert wären, abreisen und nach Kuba zurückfahren und Antonio die Gründe dafür erklären würde. Ich wollte keinem anderen etwas darüber sagen, und ich wußte, er würde das verstehen. Wie sich dann herausstellte, hätte ich um nichts auf der Welt den folgenden Frühling, Sommer und Herbst missen mögen. Es wäre tragisch gewesen, das alles zu versäumen, und es war tragisch, es mitzuerleben. Aber keinesfalls durfte man nicht dabeigewesen sein.

3

Die Überfahrt mit der „Constitution" begann bei schönem und sonnigem Wetter, das einen Tag lang anhielt; dann gerieten wir in scheußliches Wetter mit Regen, dichter Bewölkung und schwerer See von achtern, und das blieb fast bis zur Straße von Gibraltar so. Die „Constitution" war ein großes, angenehmes Schiff, und es waren eine Menge netter und freundlicher Leute an Bord. Wir nannten sie „Constitution Hilton", da sie uns das am wenigsten einem Schiff ähnelnde Transportmittel zu sein schien, auf dem wir je gereist waren. „Sheraton-Constitution" wäre vielleicht noch besser gewesen, aber so können wir sie das nächste Mal nennen. Im Vergleich zur Überfahrt auf der alten „Normandie", der „Île de France" oder der „Liberté" ähnelte das Leben hier mehr dem in einem guten „Hilton"-Hotel als dem in einem Apartment auf der Gartenseite des Pariser „Ritz".

Nach der Landung in Algeciras fuhren wir zum Haus der Familie Davis – Bill, Annie und ihre beiden kleinen Kinder – in den Bergen über Málaga, in eine Villa mit Namen La Consula. Es gab da ein Tor, vor dem ein Wachtposten stand, wenn es nicht verschlossen war. Und eine lange, von Zypressen gesäumte Kiesauffahrt. Und einen bewaldeten Garten, so schön wie der Botánico in Madrid. Und ein wundervolles riesiges kühles Haus mit großen Zimmern und aus Spartogras geflochtenen Matten in den Korridoren und Zimmern, und alle Zimmer waren voller Bücher, und an den Wänden hingen alte Landkarten und schöne Bilder. Und es gab Kamine für kalte Tage.

Es gab einen mit Wasser aus einer Bergquelle gespeisten Swimmingpool, und es gab kein Telefon. Man konnte barfuß gehen, aber es war kühl im Mai, und Mokassins waren auf den Marmortreppen angenehmer.

Man aß herrlich und trank gut. Jeder ließ jeden in Ruhe, und wenn ich morgens aufwachte und auf den langen Balkon hinaustrat, der um den zweiten Stock des Hauses herumlief, und über die Pinien im Garten zu den Bergen und zum Meer hinschaute und dem Wind in den Pinien lauschte, wußte ich, daß ich noch nie an einem schöneren Ort gewesen war. Es war ein wunderbarer Ort zum Arbeiten, und ich fing sofort damit an.

Die Frühjahrs-Stierkampfsaison von Andalucía ging zu Ende. Die *feria* von Sevilla war bereits vorüber. Luis Miguel sollte den ersten Kampf der Saison in Spanien an dem Tag, an dem die „Constitution" in Algeciras einlief, in Jerez de la Frontera bestreiten, aber er hatte ein ärztliches Attest eingereicht, daß er auf Grund einer akuten Ptomainvergiftung nicht auftreten könne. Das alles hörte sich nicht allzugut an, und ich hielt es für das beste, in La Consula zu bleiben, zu arbeiten, zu schwimmen und mir gelegentlich einen Kampf anzusehen, wenn er bequem zu erreichen war. Aber ich hatte Antonio versprochen, daß ich mich zu den San-Isidro-Kämpfen in Madrid mit ihm treffen würde, und ich mußte noch das restliche Material zusammenbekommen, das ich zur Fertigstellung des Anhangs zu „Tod am Nachmittag" brauchte.

Alle hatten erwartet, uns am 3. Mai zu Antonios Kampf in Jerez zu sehen, wie uns Rupert Belville erzählte, der nach dem Kampf auf La Consula auftauchte, und zwar in einem grauen Volkswagenkäfer, der seine sechs Fuß viel enger umhüllte als das Cockpit eines Kampfflugzeugs. Antonio habe ihnen gesagt: „Ernesto hat zu arbeiten, und ich habe zu arbeiten. Wir treffen uns Mitte des Monats in Madrid." Juanito Quintana war mit Rupert mitgekommen, und ich fragte ihn, wie Antonio gewesen sei.

„Besser denn je", sagte Juanito. „Er ist selbstbewußter

und absolut sicher. Er sitzt dem Stier ständig im Nacken. Wart ab, bis du ihn siehst!"

„Hast du irgendwelche Schweinereien bemerkt?"

„Nein. Nichts."

„Wie tötet er?"

„Er geht von hoch oben hinein, kreuzt perfekt, hält die *muleta* beim erstenmal tief unten. Wenn er beim erstenmal auf Knochen trifft, senkt er beim zweiten Stoß den Degen ein klein wenig. Nicht sehr. Nur eine Spur, so daß er an die Arterie herankommt. Er kennt die Stelle, wo es noch hoch genug ist, und er geht genau dort hinein, wie es sein sollte, und er wagt alles; aber er hat gelernt, am Knochen vorbeizukommen."

„Bist du noch der Meinung, wir hätten uns nicht in ihm geirrt?"

„Ja, hombre, ja. Er ist genauso gut, wie wir dachten, und die Strafe, die er empfangen hat, hat ihn noch stärker gemacht. Sie hat ihn kein bißchen geschwächt."

„Und wie ist Luis Miguel?"

„Ernesto, ich weiß nicht, was daraus werden soll. Voriges Jahr in Vitoria hatte er eine *corrida* mit echten Stieren, *miuras*, wenn auch nicht solche wie zu unserer Zeit. Aber gute Stiere, echte Stiere, und er ist nicht mit ihnen fertig geworden. Sie haben ihn beherrscht, und er ist ein Herrscher."

„Hat er gegen Stiere mit nichtmanipulierten Hörnern gekämpft?"

„Vielleicht. Gegen ein paar. Bestimmt nicht viele."

„Ist er gut in Form?"

„Man sagt, er sei wunderbar in Form."

„Das wird er auch nötig haben."

„Ja", sagte Juanito. „Antonio ist ein Löwe. Bis jetzt hatte er elf schwere Verletzungen, und nach jeder ist er besser geworden."

„Er bringt's auf etwa eine pro Jahr", sagte ich.

„Jedes Jahr eine“, sagte Juanito.

Ich klopfte dreimal an den Stamm einer großen Pinie, neben der wir im Garten standen. Der Wind wehte kräftig durch die Wipfel der Bäume, und er begleitete uns das ganze Frühjahr und den ganzen Sommer hindurch bei allen Stierkämpfen. Einen so windigen Sommer hatte ich in Spanien noch nie erlebt, und so viele schreckliche Aufspießungen und Hornwunden in einer Saison hatte es – soweit man sich erinnerte – noch nie gegeben.

Meiner Ansicht nach war für die große Zahl von Matadoren, die 1959 einmal oder mehrmals verletzt wurden, vor allem dieser Wind verantwortlich, der den Kämpfer bei der Arbeit mit der *capa* oder der *muleta* entblößen und exponieren kann und dadurch dem Stier ausliefert, und dann auch die Tatsache, daß alle anderen Matadore sich mit Antonio Ordóñez maßen und versuchten, es ihm gleichzutun, ob mit oder ohne Wind.

Stierkampf ohne Rivalität ist nichts wert. Aber zwischen zwei großen Stierkämpfern wird sie zu einer Angelegenheit auf Leben und Tod. Denn wenn der eine etwas tut, und es richtig tut, was niemand sonst tun kann, und es ist kein Trick dabei, sondern eine wirklich lebensgefährliche Darbietung, die nur mit perfekten Nerven, mit Urteilsvermögen, Mut und Geschick durchgeführt werden kann, und wenn dieser eine die Todesgefahr für sich dann noch ständig steigert, dann wird der andere, falls ihn mal die Nerven oder das Urteilsvermögen verlassen sollten, schwer verletzt oder getötet werden, wenn er versucht, dasselbe zu tun oder es gar zu übertreffen. Er wird sich mit Tricks behelfen müssen, und wenn das Publikum lernt, die Tricks vom Echten zu unterscheiden, hat er den Konkurrenzkampf verloren und kann von Glück sagen, wenn er dann noch am Leben oder im Geschäft ist.

Juanito Quintana und ich kannten uns seit vierunddreißig Jahren und hatten uns seit zwei Jahren nicht mehr gesehen, also hatten wir uns viel zu erzählen, als wir an diesem Vormittag im Garten spazierengingen. Wir sprachen darüber, was am Stierkampf nicht mehr stimmte und was unternommen werden sollte, um die Mißstände zu beseitigen, und welche Maßnahmen wir für wirksam und welche für unbrauchbar hielten. Wir hatten beide miterlebt, wie der Stierkampf durch Betrugsmanöver fast kaputtgemacht worden war, durch *picadores,* die den Stier halb verbluten ließen, indem sie die Stahlspitze der *pica* immer wieder in dasselbe Loch stießen und sie drehten und darin herumbohrten, dem Stier in die Wirbelsäule stachen, in die Rippen, überallhin, wo sie ihn umbringen konnten, statt zu versuchen, ihn anständig zu treffen, ihn zu ermüden, so daß er ruhig wird und den Kopf senkt, damit er auf anständige Weise getötet werden kann.

Wir wußten beide, daß jeder Fehler, den ein *picador* begeht, auf das Konto seines Matadors geht oder, wenn der Matador jung ist und noch keine Autorität besitzt, auf das Konto des verantwortlichen *banderilleros* oder des Managers. Fast jeder Betrug im Stierkampf geht auf das Konto der Manager, aber wenn der Matador dem nicht zustimmte, würde er dagegen protestieren.

Wir sprachen darüber, daß Luis Miguel und Antonio von Luis Miguels beiden Brüdern, Domingo und Pepé Dominguín, gemanagt wurden. Und wir fanden, daß dies eine finanziell äußerst schwierige Situation sei, da Luis Miguel glaubte, er ziehe auf Grund seines längeren Ruhms und Auftretens mehr Zuschauer an als Antonio, während Antonio davon überzeugt war, ein besserer Matador als Miguel zu sein, und dies auch jedesmal zeigte. Das waren schlechte Aussichten fürs Familienleben, aber sehr gute für den Stierkampf. Und es war sehr gefährlich.

Die ersten zwölf Tage im Mai vergingen sehr schnell. Morgens arbeitete ich, gegen Mittag ging ich zum Schwimmen, aus Vergnügen, aber auch aus Disziplin, um in Form zu bleiben; zu Mittag aßen wir alle spät, fuhren dann vielleicht in die Stadt, um die Spätpost oder Zeitungen zu holen, oder ins „Boîte", in ein Nachtlokal wie bei Simenon, im großen Hotel „Miramar", am Meer, im Zentrum von Málaga, wo wir Leute kannten, die dort arbeiteten, und dann zurück in die Berge zu einem sehr späten Abendessen in La Consula. Am 13. Mai fuhren wir los nach Madrid zu den Stierkämpfen.

Wenn man in einer Gegend unterwegs ist, die man nicht kennt, kommen einem die Entfernungen viel größer vor, als sie wirklich sind, die Straße viel schlechter, als sie ist, die gefährlichen Kurven gefährlicher und die Anstiege steiler. Es ist wie eine Reise in die eigene Kindheit oder frühe Jugend. Aber die Fahrt von Málaga am Meer entlang in und über die Küstenbergkette ist auch dann noch schwierig, wenn man jede Kurve kennt und jede Möglichkeit zu nutzen weiß. Diese erste Fahrt von Málaga über Granada nach Jaén, mit einem Fahrer, den man Bill empfohlen hatte, war entsetzlich. Er irrte sich an jeder Abzweigung. Er verließ sich nur auf seine Hupe, um sich vor den bergab fahrenden überladenen Lastwagen zu schützen, die keine Chance gehabt hätten, ihm auszuweichen; ob er bergauf oder bergab fuhr, mir standen fortwährend die Haare zu Berge vor Entsetzen. Ich versuchte, meinen Blick auf die Täler und kleinen steinernen Dörfer und Gehöfte zu richten, die unter uns lagen, während wir bergauf fuhren, oder ich blickte zurück zu den zerklüfteten Bergketten, die sich zum Meer hin erstreckten. Ich sah mir die nackten dunklen Stämme der Korkeichen an, denen man einen Monat zuvor die Rinde eingeschnitten und abgezogen hatte, und in den Kurven blickte ich in die tiefen Schluchten hinab und auf die bis an die hohen Felsgipfel wogenden Stechginsterfelder, aus denen Kalksteingebilde ragten, und nahm die dämliche Fahrerei einfach so hin und versuchte nur, sie durch ruhige Hinweise oder Befehle, die Tempo oder Überholvorgänge betrafen, nicht zum Selbstmord werden zu lassen.

In Jaén überfuhr der Fahrer beinahe einen Mann auf der Straße, da er zu schnell gefahren war und ohne jede Rücksicht auf Fußgänger. Von da an wurde er Ratschlägen zugänglicher, und da wir jetzt auf einer guten Straße waren, fuhren wir zügig weiter, durchquerten bei Bailén das Tal des Guadalquivir, erklommen die nächste Hochebene und kamen wieder in eine Gebirgslandschaft, die Sierra Morena, die dunkel zu unserer Linken lag. Wir überquerten die hohen welligen Berge der Navas de Tolosa, wo die Christenkönige von Kastilien, Aragonien und Navarra die Mauren geschlagen hatten. Es war eine gute Landschaft für eine Schlacht, sowohl zur Verteidigung als auch zum Angriff, wenn der Paß erst einmal erobert war, und es war schon seltsam, durch diesen Landstrich zu fahren und sich vorzustellen, mit welchen Schwierigkeiten man sich am 16. Juli 1212 durch dieses Gelände hindurchgeschlagen hatte und wie diese kahlen Bergwiesen an dem Tage ausgesehen haben mochten.

Dann ging es steil und über viele Serpentinen zum Paß von Despeñaperros hinauf, der Andalusien von Kastilien trennt. Andalusier behaupten, nördlich dieses Passes sei noch nie ein guter Stierkämpfer geboren worden. Es ist eine gut ausgebaute Straße, auf der sich jeder gute Fahrer sicher fühlen kann, und oben sind mehrere Rasthäuser, wo man essen kann, und Hotels, die wir in diesem Sommer noch zur Genüge kennenlernen sollten. Aber an diesem Tag preschten wir weiter, auf einer jetzt leicht zu fahrenden Straße den Paß hinunter, und machten erst in der nächsten Ortschaft halt; zwei Störche nisteten dort auf dem Dach eines Hauses, das an einer steil abfallenden Kurve stand. Das Nest war halb fertig, das Weibchen hatte seine Eier noch nicht gelegt, die beiden waren gerade in der Balz. Das Männchen streichelte ihren Hals mit seinem Schnabel, und sie sah mit storchenhafter Ergebung zu ihm auf, dann blickte sie woandershin, und er streichelte sie von neuem. Wir hielten an, und Mary machte ein paar Aufnahmen, aber das Licht war nicht besonders gut.

Die Weinstöcke in der flachen Weinbaugegend von Valdepeñas waren kaum handhoch; ihre riesige Anbaufläche breitete sich bis zu den dunklen Bergen hin. Wir fuhren auf der guten neuen Straße durch das Weinbaugebiet und hielten nach Rebhühnern Ausschau, die vielleicht an dem parallel zur Straße verlaufenden Karrenweg im Staub badeten, und machten schließlich in Manzanares halt, um die Nacht im dortigen Staatlichen Touristenhotel bzw. „Parador" zu verbringen. Es waren zwar nur noch hundertvierundsiebzig Meilen bis nach Madrid, aber wir wollten bei Tag durchs Land fahren, und der Stierkampf begann erst am nächsten Nachmittag um sechs Uhr.

Frühmorgens, noch ehe jemand im Hotel auf war, gingen Bill Davis und ich die etwa drei Kilometer über eine Nebenstraße ins Zentrum der alten La-Mancha-Stadt, vorbei an der gedrungenen weißgetünchten Stierkampfarena, in der Ignacio Sánchez Mejías tödlich verwundet worden war, durch schmale Straßen zum Domplatz, und folgten den schwarzgekleideten frühen Käufern, die vom Markt kamen. Es war ein sauberer, gut geführter Markt, und es gab eine Menge zu kaufen, aber die Käufer waren verbittert über die Preise; besonders über die Fisch- und Fleischpreise. Nach Málaga, dessen Dialekt mir fremd war, war es herrlich, das reine schöne Spanisch zu hören und alles zu verstehen, was gesprochen wurde.

Wir frühstückten in einer Taverne; wir tranken Milchkaffee und tunkten das gute Brot darin ein und nahmen ein paar doppelte Gläser Faßwein und ein paar Scheiben Manchegan-Käse zu uns. Die neue Landstraße war um die Stadt herumgelegt worden, und der Mann an der Theke erzählte uns, es kehrten jetzt nur noch sehr wenige Reisende in den Tavernen ein.

„Diese Stadt ist tot", sagte er, „wenn nicht gerade Markttag ist."

„Wie wird der Wein dieses Jahr?"

„Es ist noch zu früh, um darüber etwas sagen zu können", erzählte er mir. „Ich weiß auch nicht mehr als Sie. Er ist immer gut und immer gleich. Die Reben wachsen wie Unkraut."

„Mir schmeckt er sehr."

„Mir auch", sagte er. „Deswegen spreche ich ja auch so schlecht davon. Man spricht doch nie schlecht von etwas, was man nicht mag. Jedenfalls heutzutage nicht."

Wir gingen schnell zum Hotel zurück. Der Weg führte bergauf, gutes Training; die Stadt hinter uns war traurig und leichten Herzens zu verlassen.

Nachdem wir das Gepäck eingeladen hatten und aus dem Hof in die Straße einbogen, die zur Landstraße führte, bekreuzigte sich der Fahrer heftig.

„Stimmt was nicht?" fragte ich. Er hatte das Kreuzzeichen schon einmal gemacht, am ersten Abend unserer Fahrt von Algeciras nach Málaga, und da hatte ich geglaubt, wir wären an einer Stelle vorbeigekommen, wo irgend etwas Schreckliches passiert war, und hatte respektvoll den Mund gehalten. Aber dies war ein Aufbruch an einem schönen Morgen, und wir hatten auf einer guten schnellen Straße nur eine kurze Fahrt in die Hauptstadt vor uns; und aus den Gesprächen mit ihm wußte ich, daß der Fahrer nicht übermäßig fromm war.

„Nein, alles in Ordnung“, sagte er. „Nur damit wir sicher in Madrid ankommen.“

Ich hab dich nicht gemietet, dachte ich, um mich durch Wunder oder nur durch göttliche Führung befördern zu lassen. Ein Fahrer sollte eigentlich ein gewisses Maß an Fachwissen und Zuversicht beisteuern und lieber seine Reifen überprüfen, bevor er Gott als Kopiloten anstellt. Dann dachte ich noch mal nach, und als mir die Frauen und Kinder einfielen und die Notwendigkeit zur Solidarität in dieser flüchtigen Welt, wiederholte ich seine Geste. Dann, um diese vielleicht übertriebene Sorge um unsere Sicherheit zu rechtfertigen, die mir verfrüht schien, da wir drei Monate Tag und Nacht auf den Straßen Spaniens verbringen wollten, und dann auch egoistisch, da wir diese Zeit mit Stierkämpfern verbringen wollten, betete ich für alles, was ich dem Schicksal schuldig war, für alle Freunde, die Krebs hatten, für alle Mädchen, die lebenden und die toten, und daß Antonio an diesem Nachmittag gute Stiere bekäme. Die bekam er nicht, aber immerhin kamen wir nach einer abenteuerlichen Fahrt durch die Mancha und die Steppen Neukastiliens sicher in Madrid an, und der Fahrer wurde kurzerhand nach Málaga zurückgeschickt, nachdem wir vor dem Eingang des Hotels „Suecia“ feststellen mußten, daß er nicht fähig war, einen Wagen in der Stadt zu parken. Bill Davis parkte ihn schließlich für ihn ein und übernahm das Fahren für den Rest des Jahres.

Das „Suecia“ war ein angenehmes neues Hotel hinter dem alten Cortes; von dort aus konnte man die Altstadt von Madrid zu Fuß erreichen. Von Rupert Belville und Juanito Quintana, die uns vorausgereist waren, erfuhren wir, daß Antonio die Nacht im Hotel „Wellington“ verbracht hatte, draußen im neuen Modeviertel, wo die meisten neuen Hotels sind. Er wollte nicht zu Hause schlafen, um den Journalisten, Bewunderern, Anhängern und Veranstaltern in seinem Haus zu entgehen. Das „Wellington" lag ebenfalls nicht weit von der Stierkampfarena entfernt, wegen des Verkehrs an den San-Isidro-Tagen sollte die Anfahrt für ihn möglichst kurz sein. Antonio ist gern schon etwas früher in der Arena, und in einem Verkehrsstau steckenzubleiben geht jedem an die Nerven. Und das ist die schlechteste Vorbereitung auf einen Kampf.

Die Hotelsuite war voller Leute. Einige davon kannte ich. Die meisten nicht. Ein engerer Kreis von Anhängern war im Salon. Die meisten waren mittleren Alters. Zwei junge. Alle sehr ernst. Es waren mehrere Leute da, die mit dem Stierkampfgeschäft zu tun hatten, und etliche Reporter. Zwei von französischen Illustrierten, die Fotografen bei sich hatten. Die einzigen Leute, die nicht ernst waren, waren Cayetano, Antonios ältester Bruder, und Miguelillo, sein Degenbewahrer.

Cayetano wollte wissen, ob ich meine kleine silberne Wodkaflasche noch hätte.

„Ja", sagte ich. „Für Notfälle."

„Dies ist ein Notfall, Ernesto", sagte er. „Gehen wir doch mal kurz auf den Flur."

Wir gingen raus, prosteten einander zu, gingen wieder rein, und ich trat bei Antonio ein. Er zog sich gerade an.

Er sah aus wie immer, nur ein wenig reifer und sehr dunkel vom Leben auf der Ranch. Er war weder nervös noch ernst. Er würde in einer Stunde und fünfzehn Minuten in die Stierkampfarena treten, und er wußte genau, was das bedeutete und was er tun mußte und was er tun würde. Wir waren beide sehr glücklich, uns zu sehen, und was immer wir gemeinsam hatten, war noch da, genau wie früher.

Ich mag es nicht, mich lange in Ankleidezimmern aufzuhalten. Nachdem er mich nach Mary gefragt hatte und ich ihn nach Carmen und er gesagt hatte, wir würden heute abend alle zusammen essen gehen, sagte ich: „Ich gehe dann jetzt."

„Kommst du nachher vorbei?"

„Bestimmt", sagte ich.

„Bis dann", sagte er und lächelte sein spitzbübisches Lächeln, das selbst vor dem ersten Kampf der Saison in Madrid natürlich und locker und ungezwungen war. Er dachte zwar an den Stierkampf, war aber nicht beunruhigt.

Es war ein schlechter Stierkampf, die Arena war gerammelt voll. Die Stiere waren unentschlossen und gefährlich, sie griffen halbherzig an und brachen mitten im Angriff ab. Sie zögerten, auf die Pferde loszugehen. Sie waren mit Korn überfüttert und viel zu schwer für ihre Größe, und die, die die Pferde angriffen, waren schwach auf den Hinterbeinen und liefen ohne Kraft.

Victoriano Valencia, der in Madrid gerade die Bestätigung seiner *alternativa* als Matador bekam, demonstrierte, daß er immer noch nur ein Lehrling war, der ein paar brillante Vorstellungen hinter sich hatte, aber keineswegs eine sichere Zukunft. Bei Julio Aparicio, einem perfekten und erfahrenen Matador, war die *lidia*, die Kampfführung und die Plazierung seiner Stiere, sehr töricht. Er unternahm nichts, um ihre Mängel zu kaschieren, und verbrachte seine Zeit damit, dem Publikum vorzuführen, daß sie ihn einfach nicht angriffen. Statt sie dazu zu bringen, ihn anzugreifen. Er litt an dem Fehler jener Matadore, die zu Beginn ihrer Karriere viel Geld gemacht haben und jetzt auf unproblematische oder ungefährliche Stiere warten, statt aus jedem Stier herauszuholen, was dieser Stier geben kann. Aparicio machte mit keinem seiner Stiere irgend etwas von Belang, aber er erstach sie gekonnt und schnell und ohne Stil, um jedem, der sich dafür interessierte, und sich selbst zu beweisen, daß er etwas leisten konnte. Kein Mensch interessierte sich dafür.

Antonio verhinderte, daß die *corrida* zu einer Katastrophe wurde, und gab Madrid einen ersten Eindruck davon, was aus ihm geworden war. Sein erster Stier war wertlos. Er zögerte bei den Pferden und weigerte sich, offen anzugreifen, aber Antonio provozierte ihn feinfühlig und sanft mit der *capa*, fixierte ihn, unterwies ihn, ermutigte ihn, indem er ihn immer dichter und dichter passieren ließ. Er machte ihn vor den Augen des Publikums zu einem Kampfstier. Es schien, als ob Antonio in seiner Freude an dem Stier und in seinem Verständnis für ihn sich in den Kopf des Stiers versetze, bis dieser begriff, was von ihm verlangt wurde. Wenn der Stier eine unbrauchbare Idee hatte, gelang es Antonio, ihn einfühlsam, aber entschieden davon abzubringen.

Seit ich ihn das letzte Mal gesehen hatte, hatte er die Kunst seiner *capa*-Arbeit bis zur Perfektion verfeinert. Es waren nicht einfach nur schöne Manöver, die er mit dem im Kreise laufenden, ihn in geradezu idealer Weise direkt angreifenden Stier ausführte, von denen alle Matadore träumen. Jedes Manöver beherrschte und lenkte den Stier und führte ihn in voller Länge an dem Mann vorbei, der ihn mit den Falten der *capa* kontrollierte und ihn dann wenden und wieder zurückkommen ließ, die Hörner immer nur Zentimeter von sich entfernt; und die Schwünge der *capa* waren so sanft und gemessen wie in einer Zeitlupenaufnahme oder in einem Traum.

Mit der *muleta* brauchte er keine Tricks zu machen. Der Stier gehörte jetzt ihm. Er hatte ihn gemacht und vervollkommnet und überzeugt, ohne ihm auch nur einmal weh zu tun oder ihn zu quälen oder zu bestrafen. Er stellte ihn von vorn, die *muleta* in der Linken, und führte den Stier an sich vorbei und um sich herum, wieder und wieder, dann ließ er mit einem echten *pase de pecho* seine Hörner und seinen ganzen massigen Körper an seiner Brust passieren und brachte ihn mit einer Drehung des Handgelenks in Kampfstellung vor sich, um ihn zu töten.

Beim erstenmal zielte er sorgfältig von hoch oben zwischen die Spitzen der Schulterblätter zum Todesstoß, traf aber auf Knochen und prallte über den Hörnern zurück. Beim zweitenmal zielte er auf dieselbe Stelle, und der *estoque* fuhr bis zum Stichblatt unterhalb des Knaufs hinein. Als das Blut über Antonios Finger lief, war der Stier bereits tot, aber er merkte es nicht gleich. Antonio beobachtete ihn mit erhobener Hand, lenkte seinen Tod so, wie er die einzige Vorstellung seines kurzen Lebens gelenkt hatte, und plötzlich erbebte der Stier und stürzte in sich zusammen.

Sein zweiter Stier sah kräftig aus, verbrauchte sich aber an den Pferden und fing dann an, seine Angriffe mittendrin abzubrechen und mit den Hinterbeinen abzubremsen. Er war auf beiden Seiten schlecht und stieß sowohl mit dem linken als auch mit dem rechten Horn sinnlos zu, besonders mit dem rechten. Seine Verteidigung war völlig planlos. Er war nervös, hysterisch und ließ sich nicht zur Vernunft bringen, egal wo Antonio ihn plazierte und mit ihm arbeitete. Es gibt Stiere, die werden in bestimmten Teilen der Arena selbstsicherer, aber obwohl Antonio immer wieder mit ihm arbeitete, dicht am Körper, und ihn dann mit tiefen Manövern bestrafte und ihn um sich kreisen ließ, um ihn irgendwie unter Kontrolle zu bringen und seine halbherzigen Angriffe und sein blindwütiges Stoßen mit den Hörnern und sein Herumlaufen zu unterbinden, blieb der Stier feige und hysterisch. Mit ihm ließ sich keine moderne *faena* durchführen, ohne daß man im Krankenhaus landete. Seit es den Stierkampf gibt, hat man mit solchen trabenden Stieren immer nur eins getan: man hat sich ihrer so schnell wie möglich entledigt. Und das tat Antonio auch.

Als Antonio hinterher in seinem Zimmer im Hotel „Wellington“ auf dem Bett saß und sich vom Duschen abkühlte, sagte er: „Mit dem ersten contento, Ernesto?“

„Das weißt du selbst“, sagte ich. „Jeder sah es. Du mußtest ihn erst aufbauen. Du mußtest ihn erfinden.“

„Ja“, sagte er. „Aber er ist ganz gut geworden.“

An diesem Abend aßen wir im „Coto“, einem Restaurant, wo man drinnen und draußen sitzen konnte, in einem von Bäumen überschatteten Garten, in der Nähe des alten „Ritz“ und gegenüber vom Prado-Museum; wir waren alle guter Laune, weil Antonio bei seinem ersten Stier großartig gewesen war und weil er am nächsten Tag nicht zu kämpfen brauchte, was der ideale Zeitabstand zwischen zwei Kämpfen ist, und weil in den *corrals* wunderbare Tiere standen und niemand wußte, daß das Wetter schlecht werden würde. Außer uns waren noch dabei: Dr. Manolo Tamames, Antonios und Luis Miguels Privatarzt und enger Freund, mit seiner Frau, ein paar Stierzüchter und Antonio und Carmen. Es war schön, wieder zusammen zu scin, und wir sprachen und scherzten über dieses und jenes. Wie alle wirklich tapferen Leute ist Antonio unbekümmert und witzig und scherzt gern über ernste Dinge. Als er sich über jemanden lustig machte und sich anschließend als die Güte in Person hinstellte, sagte ich zu ihm: „Du bist ein großzügiger und anständiger Kerl. Aber wie nennst du das, was du deinem Freund heute angetan hast?“

Er und Aparicio waren sehr gute Freunde. Bei einem der Stiere an diesem ersten Nachmittag der *feria* hatte

Aparicio dem Publikum immer wieder vor Augen geführt, daß es unmöglich sei, an dem Stier, den er gezogen hatte, mit der *capa* zu arbeiten. Beim nächsten *quite* nahm Antonio den Stier vom Pferd weg und führte sechs wunderschöne, langsam-gezügelte endlose *veronicas* mit Aparicios Stier aus, womit er seinem Freund den Tag vollkommen ruinierte und außerdem dem Publikum zeigte, wie man mit diesem Stier umgehen konnte, wenn man als Stierkämpfer auf ihn zuging und sein Leben ein bißchen aufs Spiel setzte.

„Ich habe ihm gesagt, es täte mir leid", sagte Antonio.

Luis Miguel hatte seinen ersten Kampf in Spanien am 7. Mai in Oviedo in Asturien bestritten und dabei seinen beiden Stieren die Ohren abgeschnitten. Seine zweite *corrida* fand am 17. Mai in Talavera de la Reina statt, am selben Tag, an dem Antonio in Madrid gegen schwache Pablo-Romero-Stiere angetreten war. Luis Miguel hatte in Talavera gegen Salamanca-Stiere gekämpft und einen großen Triumph gefeiert; seinem ersten Stier hatte er beide Ohren und den Schwanz, seinem zweiten beide Ohren abgeschnitten. Luis Miguel war wunderbar in Form und sollte in zwei Tagen in Barcelona kämpfen. In Talavera war die Arena nicht voll gewesen.

Vor seinen zwei Kämpfen in Spanien hatte Luis Miguel drei Kämpfe in Frankreich bestritten: in Arles, Toulouse und Marseilles. Er war brillant gewesen. Meine Informanten sagten, bei allen diesen Kämpfen seien die Hörner der Stiere mehr oder weniger manipuliert gewesen. Am nächsten Tag sollte er in Nîmes kämpfen, und einen Tag danach würde Antonio ebenfalls in dieser großartigen römischen Arena kämpfen. Ich liebe Nîmes, aber ich hatte keine Lust, Madrid, wo wir eben erst eingetroffen waren, zu verlassen und eine so lange Fahrt zu unternehmen, um Kämpfe gegen Stiere mit beschnittenen Hörnern zu sehen, und beschloß daher, in Madrid zu bleiben.

Früher oder später würden Antonio und Luis Miguel in offenem Wettstreit gegeneinander antreten müssen, da der Stierkampf bei den schweinisch hohen Preisen, die die Manager verlangten, ökonomisch ziemlich am Ende war und nur diese beiden bei solchen Preisen die Arenen füllen konnten. Da ich sie beide kannte und Antonio besser kannte und jetzt wußte, wieviel weniger er bekommen würde als Luis Miguel, war mir klar, daß es auf Leben und Tod gehen würde.

Antonio kam aus Frankreich zurück, wo sie beide, er und Luis Miguel, an aufeinanderfolgenden Tagen Triumphe gefeiert hatten. Luis Miguel hatte am Siebzehnten in Nîmes dem zweiten seiner zwei Stiere ein Ohr abgeschnitten, und Antonio hatte am achtzehnten beiden seiner Stiere ein Ohr abgeschnitten, und beide Ohren und den Schwanz bei seinem letzten Stier, den er als Ersatzmann für El Trianero bekämpft und getötet hatte, da dieser bei dem Versuch, auf den Knien ein Manöver mit der *capa* auszuführen, als der Stier in die Arena kam, hochgeschleudert worden war und sich eine drei Zoll lange Wunde am linken Arm zugezogen hatte.

In einem Teil des Landes, in dem Luis Miguel eine ungeheure Anhängerschaft besaß und als Nummer eins der Stierkämpfer galt, war das Publikum begeistert von Antonio gewesen. Jetzt wurde die Rivalität zwischen Antonio und Luis Miguel auf eine internationale Ebene gehoben. Fotografen und Reporter von französischen und europäischen Illustrierten trafen in Madrid ein, um seinen nächsten Kampf zu sehen.

4

Einmal während der San-Isidro-*feria* in Madrid wurde eine Vorstellung nach dem dritten Stier wegen Regen abgebrochen, und an diesem Tag hatte Mary sich eine schlimme Erkältung geholt. Sie hatte alles versucht, um sie loszuwerden, aber die *feria* war zu chaotisch gewesen und die Zeit zu verrückt, und die Kämpfe hatten so spät begonnen, daß der leichte Wind aus den Sierras, der, wie es heißt, einen Mann töten, aber keine Kerze ausblasen kann, seine Chancen bei ihr wahrgenommen hatte. Sie versuchte, ruhig zu leben und früh ins Bett zu kommen, und ein paarmal aßen wir sogar im Bett, und sie glaubte genug in Form zu sein, um die Fahrt nach Córdoba am 25. Mai mitmachen zu können. Als Rupert Belville nach London zurückkehrte, ließ er seinen Volkswagen da und bat uns, ihn nach Málaga zu fahren; also eilten Bill Davis und ich in dem englischen Ford und Mary und Annie Davis in dem kleineren Auto nach Córdoba, sahen dieselben Landschaften von Kastilien und der Mancha, durch die wir schon einmal gefahren waren, und stellten fest, wie sehr der Wein gewachsen und wie stark der Frühweizen von den Stürmen, die auch die *feria* verdorben hatten, geschädigt und platt gewalzt worden war.

Córdoba ist neben vielem anderen eine Stadt der Rinder, und die Leute im „Palace Hotel" waren lustig, herzlich und fröhlich. Das Hotel war voll belegt. Mary und Annie trafen ein wenig später als wir ein, und ein Freund stellte Mary sein Zimmer zur Verfügung, damit sie sich hinlegen und ausruhen konnte, bis es Zeit war, zum Kampf zu gehen.

Es war ein seltsamer Stierkampf. Pepé Luis Vásquez, ein einst hervorragender Stierkämpfer mit einem sehr einfühlsamen Stil, war aus dem Ruhestand zurückgekehrt, um noch einmal so viele Kämpfe zu bestreiten, daß er sich ein großes Anwesen kaufen konnte, das er gern haben wollte. Er war ein feiner Mann und anderen Stierkämpfern ein treuer Gefährte, aber da er so lange nichts mehr mit Stieren zu tun gehabt hatte, waren seine Reflexe miserabel, und er bekam seine Nerven nicht unter Kontrolle, wenn der Stier irgendwelche Schwierigkeiten hatte, die ihn gefährlich machten. Er hatte im Ruhestand an Gewicht zugenommen, und so wirkten die Feinheiten und Schnörkel seines Stiles bei seiner jetzigen Dickleibigkeit und dem Mangel an jeglicher Leichtigkeit in seiner Arbeit traurig und ein wenig mitleiderregend, zumal er nicht fähig war, seine Angst zu verbergen. Er war bei beiden Stieren ausgesprochen schlecht.

Jaime Ostos, ein Junge aus Écija, einer reizenden weißen Stadt westlich von Córdoba, in Richtung Sevilla, war mutig wie der wilde Keiler der Sierras seiner Heimat. Wenn er wütend war oder verletzt, brachte er einen geradezu wahnsinnigen Mut auf; und er schien noch immer in Rage zu sein von einer Gehirnerschütterung, die er sich bei seinem letzten Kampf, zusammen mit Luis Miguel in Barcelona, zugezogen hatte. Ich mochte ihn und machte mir den ganzen Nachmittag entsetzliche Sorgen um ihn, als er fortwährend die Gefahren noch steigerte, bis es fast selbstmörderisch war. Er kämpfte vor den Leuten aus seiner Heimatstadt, und ich wußte, daß es zu Beginn der Saison Krach gegeben hatte, weil er sagte, er würde nicht mit Antonio im selben Programm auftreten. Wenn man all dies berücksichtigte, konnte man eigentlich davon ausgehen, daß er die Saison nicht überleben würde. Aber von ein paar unbedeutenden Hornverletzungen abgesehen, kam er ungeschoren davon. Sein weiß-silbernes Kostüm war an diesem Tag in Córdoba ganz rot vom Blut des Stiers, so dicht hatte er ihn an sich vorbeikommen lassen. Ich wüßte wahrhaftig niemanden, der den Stier öfter eingeladen hätte, ihn zu töten, als Jaime Ostos, und der ihm ebensooft durch pures Glück, Mut und kühne Geschicklichkeit einen Strich durch die Rechnung gemacht hätte. Seinem ersten Stier schnitt er beide Ohren ab, und auch dem zweiten hätte er die Ohren abgeschnitten, wenn er nicht Pech gehabt hätte, als er mit dem Degen in ihn hineinging.

Antonios erster Stier war gut, ordentlich in der Größe, wenn auch nicht riesig, und hatte passable Hörner. Antonio war wunderbar mit der *capa*, er ging auf den Stier zu, gewann die Herrschaft über ihn und ließ ihn in seinem herrlich langsamen Stil an sich vorbei passieren. Mit der *muleta* war er genausogut. Und er tötete perfekt. Die ganze Arena war voller Taschentücher, aber der Präsident wollte ihm kein Ohr zugestehen. Die einzige Erklärung, die ich Mary dafür geben konnte, war, daß man wohl etwas Übernatürliches von ihm erwartet hatte.

Sein zweiter Stier war nicht mal ein Halb-Stier. Er wirkte bestenfalls wie ein Dreijähriger; war klein, untergewichtig und schlecht bewaffnet. Das Publikum quittierte es mit Gebrüll, und als die *presidencia* gestattete, daß er die *picadores* angriff, schwoll der Protest noch an. Auch ich war wütend und fragte mich, was Antonios Manager sich wohl alles erlauben zu können meinten, wenn sie solche Stiere aussuchten. Dieser Stier hätte nie von den Tierärzten zugelassen und nie in eine offizielle *corrida* geschickt werden dürfen.

Antonio schickte dem Präsidenten eine Nachricht, in der er um die Erlaubnis bat, diesen Stier töten und am Ende der *corrida* gegen einen Ersatzstier kämpfen zu dürfen, den er selbst bezahlen wolle. Als dies bewilligt war, übernahm er den Stier mit der *muleta*, ließ ihn ein paarmal passieren, um ihn in die richtige Stellung zu bringen, und tötete ihn ordentlich mit einem einzigen Stoß.

Der Stier, den Antonio als Ausgleich für das erbärmliche fünfte Tier gekauft hatte, kam aus dem Dunkel des *toril*, und er trug die größten, breitesten, längsten und spitzesten Hörner, die ich je an einem Kampfstier gesehen hatte, seit wir 1953 wieder nach Spanien kamen. Er war groß, aber nicht fett, und er jagte einen der *banderilleros* über die *barrera* und stieß mit seinem rechten Horn über den Rand des Zauns hinweg nach ihm. Antonio kam herein und forderte ihn zum Kampf auf, und als der Stier angriff, schwang er die *capa* langsam und sanft vor ihm, ließ ihn nach Belieben wenden, beherrschte ihn völlig und gab allen eine Vorstellung davon, daß man einen echten Stier mit gewaltigen Hörnern dichter und langsamer und schöner an sich vorbei passieren lassen kann, als andere dies mit manipulierten Halb-Stieren fertigbrachten. Er bat den Präsidenten um nur eine einzige *pica*, damit der Stier nicht unglücklich verletzt würde, und er sagte den *banderilleros*, wie und in welchem Bereich er die Stäbe plaziert haben wollte.

Ich beobachtete ihn, wie er ungeduldig wartete, den Stier nie aus den Augen verlor, wie er ihn aufmerksam betrachtete, analysierte, wie er nachdachte, plante. Er sagte Juan, wo er den Stier haben wollte, und dann ging er hinaus und übernahm den Stier mit vier tief ausgeführten Manovern; das linke Knie, der Unterschenkel und der Knöchel im Sand, das rechte Bein ungeschützt, ließ er den Stier durch die magische Kraft seiner *muleta* nach vorn und wieder zurückgehen, versprach ihm alles, bot sich ihm als Ziel an und zeigte ihm einfühlsam und sanft, daß dieser Teil des tödlichen Spiels weder schmerzhaft noch strapaziös war.

Nach diesen Manövern gehörte der Stier ihm, und er nahm die Lektion wieder auf und zeigte dem Publikum, was ein großer Künstler, der Mut und Stierkenntnis besaß, mit einem echten Stier, der kräftige, lange, tödliche

Hörner besaß, machen konnte. Er zeigte ihnen alle klassischen Manöver, ohne jeden Trick, ohne Täuschung oder irgendwelche Kompromisse, er ließ den Stier so dicht passieren, wie Jaime es getan hatte, doch jederzeit kontrolliert. Nachdem er ihnen das alles gezeigt hatte und wie dicht und rein und langsam es getan werden konnte, kam er mit einem letzten *pase de pecho* zum Schluß, ließ den Stier in Stellung gehen, sagte ihm mit einem letzten Heben der *muleta* good-bye, ließ die *muleta* sinken und rollte sie ein, zielte hoch am Degen entlang und stieß perfekt über die riesigen Hörner hinweg zu, der Stier verschied unter seiner Hand, und die Menge raste. Der Präsident gab ihm beide Ohren, während die Menge von der Sonnenseite über den Platz strömte, um Antonio und Jaime auf den Schultern durch die Arena zu tragen. Antonio sträubte sich, aber schließlich hoben sie ihn hoch, und man sah deutlich, daß diese Demonstration nicht im voraus abgesprochen war. Dafür waren es zu viele Leute, und sie waren zu sehr aus dem Häuschen.

In dieser Nacht schliefen wir auf dem Anwesen des Marquis del Merito in den Bergen außerhalb von Córdoba. Es war das ehemalige Real Monasterio de San Jeronimo de Valparaiso, und es ist eine der Sehenswürdigkeiten Spaniens. Die Fahrt dort hinauf war herrlich; es ging über die klassische schlechte Straße, die zu allen großen Orten Spaniens führt; und dann der Anblick von mittelalterlicher Strenge in der Dunkelheit und später das Erwachen in der umgebauten Klosterzelle eines Zimmers, aus dem man über die Ebene von Córdoba hinblickte, und nun bei Tageslicht erkundeten wir die Gärten, Kapellen und historischen Räume.

Es war niemand zu Hause. Peps Merito hatte darauf bestanden, daß wir dort wohnten, da alle Hotels lange im voraus ausgebucht waren. Er hatte den Verwalter von

Madrid aus telefonisch angewiesen, sich um uns zu kümmern. Eigentlich hatten wir uns vorgenommen, dort nur eine Nacht zu bleiben, aber Mary hatte in dieser Nacht Fieber bekommen und fühlte sich am Morgen zu schlecht zum Fahren. Wir ließen aus der Stadt einen Arzt kommen und konnten erst am Mittag des folgenden Tages abfahren. Peps rief ständig von Madrid aus an, um zu erfahren, ob alles in Ordnung war und ob wir uns auch wohl und zufrieden fühlten. Es war ein wunderbarer Ort, und wenn man sich die Einrichtung wegdachte, war es, als ob man in einem Palast zeltete; etwas, was einem im zivilisierten Leben selten widerfährt.

Kurz nach zwölf Uhr mittags fuhren wir am folgenden Tag bei stürmischem Wetter weiter nach Sevilla und trugen uns dort im alten Hotel „Alfonso XIII." mit seinem komfortlosen Gepränge ein, und auf dem Weg zum Stierkampf gingen wir in der „Casa Luis" essen. Es war ein gutes Essen und ein sehr schlechter Stierkampf.

Die Stiere waren minderwertig, unsicher im Angriff, und sie wurden von den *picas* glatt ermordet. Es lag nicht daran, wie die *picadores* ihre *picas* oder *varas* einsetzten. An der Art, wie sie die Stiere picarten, war nichts Regelwidriges. Sie plazierten sie gut und fest an der richtigen Stelle und wehrten die Angriffe des Stiers ab, ohne die Schäfte zu drehen. Aber irgend etwas stimmte nicht mit der Konstruktion der *picas,* denn nach der Stahlspitze fuhr auch noch der hölzerne Schaft in die Stiere hinein. Der Metallring, der verhindern soll, daß die Spitze tiefer als 4⅜ Zoll tief eindringt, verschwand mitsamt dem nachfolgenden Schaft im Rücken des Stiers. Die Stiere empfingen von den *picadores media estocadas* oder Degenstiche, bei denen die Klinge zur Hälfte eindringt, und niemand wußte, was ein Matador mit einem solchen Stier anfangen sollte, der schon halb tot und ausgeblutet zu ihm kam. Die *picas* werden von den Behörden geprüft und versiegelt und dem *picador* von einem Regierungsfunktionär übergeben, weshalb man weder den *picadores* noch den Matadoren, nach deren Anweisungen sie arbeiten, einen Vorwurf machen konnte. Aber solche *picas* hatte ich seit den schrecklichen alten Zeiten in Frankreich nicht mehr gesehen, wo sich die Metallringe am Ende der *vara*, die das Eindringen verhindern sollten, manchmal als mit Aluminium bemalte Gummiringe entpuppt hatten, wenn die Veranstalter einmal sechs riesige Stiere mit langen schweren Hörnern eingekauft hatten. Solche Arretierungsscheiben, oder *redondels*, hinderten Spitze und Schaft ebensowenig daran, in den Stier einzudringen, wie ein Gummidolch in Fleisch eindringen kann, und die Stiere fielen den Matadoren erst in die Hände, wenn sie von den *picadores* bereits halb totgestochen waren. Damals führten einige von uns einen ständigen Kampf gegen diesen Mißbrauch und andere Mißbräuche mit der *pica* in Südfrankreich, ich war also mit allen Tricks durch und durch vertraut.

An diesem Tag in Sevilla war ich vor dem Kampf weder im Auslauf noch im *patio de caballos* gewesen, da ich mich um Mary kümmern mußte, die zwar kein Fieber mehr hatte, aber noch krank war und sehr erschöpft. Ich hatte also nicht die Möglichkeit, die *picas* zu untersuchen. Sie waren geprüft und genehmigt worden, also mußten sie in Ordnung sein. Aber sie brachten den Stieren gräßliche Verletzungen bei.

Antonio sagte nach dem Kampf, bei seinem zweiten Stier hätte die *pica* eine Vene getroffen. Das war nur allzu wahr. Sie war tief genug eingedrungen, um sogar mehrere zu treffen, und wenn der *picador* sie nicht schließlich hätte herausziehen können, hätte sie auch noch eine große Arterie getroffen. So strömte das Blut aus der zerfransten Wunde in Strömen über die Schulter des Stiers und sein Bein hinab und hinterließ im Sand dunkle, geronnene Streifen.

Ich wußte, wie großartig Antonio bei Stieren war, mit denen man überhaupt kämpfen konnte. Zu Weihnachten hatte ich ihm geschrieben, ich würde rüberkommen, um die Wahrheit, die absolute Wahrheit über seine Arbeit und seinen Platz im Stierkampf zu beschreiben, damit dies für die Dauer überliefert werde; etwas, das über unseren Tod hinaus bleiben würde. Er wollte, daß ich es tat, und er wußte, er würde mit jedem Stier, der aus dem *toril* herauskam, fertig werden. Jetzt waren seit zwei Tagen kleine, unausgereifte Stiere für ihn herausgekommen, und das mußte irgend jemand zu verantworten haben. Er war jedesmal empört gewesen, und der Stier mit den großen Hörnern in Córdoba hatte ihn vierzigtausend Pesetas gekostet. Am Ende dieses Stierkampfes von Sevilla war niemand zufrieden.

Mit dem ersten Morgenstrahl brachen Bill und ich auf, um nach Madrid zurückzufahren. Die Mädchen wollten ausschlafen und dann den kleinen grauen Volkswagen über die schöne Straße durch Antequera nach Málaga fahren und dann in Granada wieder zu uns stoßen, wo an einem Tag Luis Miguel und am nächsten Antonio kämpfen würden. Mary war fieberfrei gewesen, als sie ins Bett gegangen war, und ich hoffte, ein Tag der Ruhe und die Sonne in La Consula würden sie wieder auf die Beine bringen. Das Programm war ziemlich brutal, aber die Kämpfe nach Granada, die wir noch besuchen wollten, waren alle leicht von Málaga aus, wo wir stationiert waren, zu erreichen.

Wir fuhren durch tiefhängende Wolken und peitschenden Regen nach Madrid, so daß wir von der Landschaft nur dann etwas sahen, wenn das Unwetter einmal eine Pause machte. Wir waren beide genauso traurig wie das Wetter, wegen der Kämpfe und der untergewichtigen, unentwickelten Stiere, die da irgendwer einzuschmuggeln versucht hatte, und Bill sah schwarz für die Saison. Sevilla bedeutete uns nicht viel. Das grenzt an Ketzerei, in Andalusien und im Stierkampf. Wenn es um Sevilla geht, müssen alle Leute, denen der Stierkampf etwas bedeutet, ein mystisches Gefühl haben. Aber im Laufe der Jahre war ich zu der Überzeugung gekommen, daß der Anteil an schlechten Stierkämpfen dort größer ist als in jeder anderen Stadt.

Wir sahen ein paar große Storchenschwärme, die im Regen wählerisch nach Futter suchten, und viele verschiedene Arten von Falken in der wilden Landschaft. Falken machen mich immer glücklich, und sie waren alle draußen bei diesem wüsten Wetter und hatten es ziemlich schwer, etwas zum Fressen zu finden, da die Spatzen sich wegen des Windes zu dicht am Boden in Dekkung hielten. Von Bailén ab lief die Straße, die wir so gut kennenlernen sollten, auf das Zentralplateau zu, und in Regenpausen sah man Burgen und kleine weiße Dörfer, ungeschützt vorm Wind – man konnte sie nicht schützen, weil es, wenn man nach Norden kommt, so viel Wind gibt –, gewaschen vom Regen inmitten der sturmgeplätteten Kornfelder und Weinstöcke stehen, die eine halbe Hand höher gewachsen schienen, seit wir sie vor drei Tagen in südlicher Richtung durchfahren hatten.

Wir hielten nur zum Tanken und nahmen dann in der Gaststube der Tankstelle ein Glas Wein oder eine Scheibe Käse oder ein paar Oliven zu uns und tranken schwarzen Kaffee. Bill trank grundsätzlich keinen Wein, wenn er fuhr, aber ich hatte immer eine kalte Flasche leichten Rosado von Campañas in der Kühltasche bei mir und aß dazu Brot und ein Stück Manchegan-Käse. Ich liebte dieses Land, zu allen Jahreszeiten, und ich freute mich jedesmal, wenn ich den letzten Paß überquerte und in die schroffe Landschaft der Mancha und Kastiliens hineinfuhr.

Bill wollte erst essen, wenn wir in Madrid waren. Er glaubte, Essen während der Fahrt machte ihn schläfrig, und außerdem fing er schon an, für die Tag- und Nachtfahrten zu trainieren, die noch vor uns lagen. Er aß sehr gern und wußte gutes Essen zu schätzen, und er wußte besser als jeder andere, den ich kannte, wo es zu bekommen war, in welcher Gegend es auch sei. Als er das erste Mal in Spanien war, hatte er in Madrid gewohnt und war von dort aus mit Annie durch sämtliche Provinzen Spaniens gefahren. Es gab keine Stadt in Spanien, die er nicht kannte, und er kannte die Weine, die örtliche Küche, die Spezialitäten und die guten Eßlokale in allen Groß- und Kleinstädten. Er war ein wunderbarer Reisegefährte für mich, und er war ein eisenharter Fahrer.

Wir trafen in Madrid ein, gerade noch rechtzeitig zu einem späten Mittagessen im „Callejón", einem engen, überfüllten Restaurant auf der Calle Becerra, wo wir immer aßen, wenn wir allein waren, da es dort unserer Meinung nach tagein, tagaus das beste Essen in der ganzen Stadt gab. Täglich gab es eine andere regionale Spezialität, aber Gemüse, Fisch, Fleisch und Obst waren immer vom Besten, was der Markt zu bieten hatte, die Küche war schlicht und einfach köstlich. Es gab Vino tinto, Clarete und Valdepeñas-Wein in kleinen, mittleren und großen Krügen, und der Wein war ausgezeichnet.

Bill entfaltete enormen Appetit, nachdem wir an der Theke am Eingang, wo wir auf einen Tisch warteten, ein paar Gläser vom Faß gezapften Valdepeñas getrunken hatten. Auf der Speisekarte stand eine Notiz, daß jede Portion ausreiche, um einen satt zu machen, und er bestellte sich gegrillte Seezunge und danach eine regionale Spezialität aus Asturien, deren Größe die Notiz auf der Speisekarte absolut rechtfertigte – für mindestens zwei Personen. Er verputzte alles und sagte: „Das Essen hier ist ziemlich gut."

Nach dem zweiten großen Krug Valdepeñas sagte er: „Und der Wein auch."

Ich aß eine köstliche Portion gebratener Jungaale in Knoblauch, die Bambussprossen ähnelten, an den Spitzen etwas knusprig, sonst aber von weicher Konsistenz. Sie füllten eine große tiefe Schüssel und waren himmlisch für den, der sie aß, und höllisch für jeden, dem man später in einem geschlossenen Raum und auch sogar im Freien begegnete.

„Die Aale sind hervorragend", sagte ich. „Zu dem Wein kann ich jetzt noch nichts sagen. Willst du ein paar Aale?"

„Vielleicht bestelle ich mir selbst eine Portion", sagte Bill. „Versuch mal den Wein. Er wird dir gefallen."

„Noch einen großen Krug", sagte ich zu dem Kellner.

„Ja, Don Ernesto. Hier ist er. Ich hatte ihn schon bereitgestellt."

Der Inhaber kam zu uns rüber.

„Wie wär's mit einem Steak?" fragte er. „Wir haben heute sehr gute."

„Legen Sie uns eins für heute abend zurück. Wie steht es mit Spargel?"

„Haben wir sehr guten", sagte er. „Aus Aranjuez."

„Wir haben morgen in Aranjuez Stiere", sagte ich.

„Wie geht's Antonio?"

„Gut. Er ist gestern nacht von Sevilla hergefahren. Wir sind heute vormittag gefahren."

„Wie war's in Sevilla?"

„So lala. Miese Stiere."

„Werden Sie und er heute abend hier essen?"

„Glaub ich nicht."

„Wenn Sie wollen, werde ich Ihnen das Privatzimmer freihalten. War das Essen letztes Mal gut?"

„Ausgezeichnet."

„Viel Glück in Aranjuez."

„Danke", sagte ich.

Wir hatten riesiges Pech in Aranjuez, aber ich hatte keinerlei Vorahnung oder Befürchtung.

An dem Tag, als Antonio in Sevilla kämpfte, hatte Luis Miguel, zusammen mit Antonio Bienvenida und Jaime Ostos, in Toledo gekämpft. Die Arena war ausverkauft. Es war ein scheußlicher, regnerischer Tag, und die Stiere waren ziemlich groß und von unterschiedlicher Tapferkeit. Die Hörner waren, nach allem, was ich gehört hatte, übel gestutzt gewesen. Bei seinem ersten Stier war Luis Miguel gut, beim zweiten Stier sehr gut gewesen. Dem zweiten Stier schnitt er ein Ohr ab, nachdem er wunderbar mit ihm gearbeitet hatte, und er hätte beide Ohren bekommen, wenn er etwas mehr Glück mit dem Degen gehabt hätte.

Ich bedauerte sehr, daß ich Luis Miguel nicht hatte kämpfen sehen, zumal wir ihn am nächsten Tag in Granada verpassen würden. Aber so war das jetzt mit den Terminen, und ich wußte, wir würden ihn bald einholen. Ich besaß eine Liste mit seinen und Antonios festen Engagements und wußte, sie würden bald auf *ferias* in denselben Städten kämpfen. Dann würden sie in denselben Programmen kämpfen, und dann, war mir klar, würden sie allein gegeneinander kämpfen müssen. Inzwischen hielt ich mich durch Vertrauensleute, die seine Kämpfe sahen, so gut es ging, über Luis Miguel auf dem laufenden.

5

Der 13. Mai in Aranjuez war ein guter Tag für Stiere. Es hatte zu regnen aufgehört, und die Stadt lag frisch gewaschen in der Sonne. Die Bäume waren grün, und die gepflasterten Straßen noch nicht staubig. Es waren viele Landleute da, in schwarzen Kitteln und den eisenharten gestreiften grauen Hosen der Provinz, und eine ganze Menge Leute aus Madrid. Wir gingen in das alte Café-Restaurant, das im Schatten von Bäumen lag, und betrachteten den Fluß und die Ausflugsboote. Der Fluß war braun und vom Regen angeschwollen.

Danach zogen unsere beiden Gäste los, um sich die königlichen Gärten oben am Fluß anzusehen, und Bill und ich gingen über die Brücke zum alten Hotel „Delicias", um Antonio zu besuchen und von Miguelillo, seinem Degenbewahrer, die Karten abzuholen. Ich bezahlte Miguelillo die vier *barrera*-Plätze, riet einem jungen spanischen Reporter, der für eine Madrider Zeitung eine Artikelreihe über Antonio schrieb, ihn jetzt nicht zu belästigen, sondern ausruhen zu lassen, erklärte ihm auch warum, und ging rüber zum Bett, um mit Antonio zu sprechen, machte es aber kurz, um den anderen ein Beispiel zu geben.

„Willst du durchfahren nach Granada, oder legst du unterwegs eine Übernachtung ein?" fragte er.

„Ich dachte, wir könnten in Manzanares schlafen."

„Bailén ist besser", sagte er. „Ich fahre den Wagen für dich, dann können wir reden und in Bailén essen. Dann fahre ich im Mercedes weiter nach Granada und schlafe unterwegs."

„Wo treffen wir uns?"

„Hier, nach dem Kampf."

„Gut", sagte ich. „Bis dann."

Er lächelte, und ich konnte sehen, daß er sich gut und

sehr stark fühlte. Ich nahm den jungen Reporter von „El Pueblo“ mit aus dem Zimmer. Miguelillo baute gerade den tragbaren Zimmeraltar auf. Das schwere, geprägte lederne Degenetui lehnte an der Wand neben der Frisierkommode, auf der er die Skapularien und die Öllampe aufbaute, die vor dem Bild der Jungfrau brennen sollte.

Der Schlamm um die kleine, alte, schöne, ungemütliche, verfallende Arena trocknete, und es bildete sich Staub. Wir gingen hinein, setzten uns auf unsere Plätze und sahen auf das Rund des uns so vertrauten Sandes hinunter.

Antonio hatte den ersten Sánchez-Cobaleda-Stier. Er war groß, schwarz und stattlich und hatte riesige Hörner mit sehr scharfen Spitzen. Antonio nahm ihn mit der *capa*, mit der langsamen, selbstbewußten, tiefen ausholenden Eleganz seiner *veronicas*, näherte sich ihm so weit wie möglich, bekam seine Angriffe unter Kontrolle und ließ ihn dann immer langsamer und so dicht, wie die Hörner es erlaubten, passieren. Die Menge geriet nicht in Begeisterung, wie sie es in Madrid getan hätte, also machte er die nächste *quite* mit *chicuelinas* weniger gefährlich, weniger klassisch, aber es war ein herrliches Stück sevillanischer Feinarbeit mit der *capa*. Er bot dem Stier die *capa*, indem er sie in Brusthöhe hielt. Dann dreht er sich langsam um sich selbst und wickelte die *capa* um sich und wich so jedem Angriff des Stiers ganz langsam aus. Das ist sehr hübsch anzusehen, aber im Grunde ist es ein Trick, und kein Manöver: wenn der Stier sich anschickt zu passieren, dreht der Mann sich langsam von ihm weg, sobald der Stier in sein Territorium kommt. Das gefiel den Zuschauern. Uns gefiel es auch. Es ist immer ganz hübsch, aber es bewegt einen innerlich nicht.

Antonios Stier ging mehr als nur ein bißchen gefährlich, sowohl von rechts wie von links, auf die *muleta* los, und er arbeitete so tief mit ihm, wie er mit dem Stier in Córdoba gearbeitet hatte, um ihn zu beruhigen und ihm Vertrauen einzuflößen. Irgend etwas war im Kopf des Stieres passiert; vielleicht hatten die *chicuelinas* ihn desillusioniert. So etwas hatte ich schon erlebt. Antonio mußte jetzt ganz nahe mit ihm arbeiten, um ihn in Gang zu bringen. Es war so, daß der Stier die Dinge jetzt anders sah. Es war etwas in den zehn Minuten geschehen, in denen Antonio dem Stier beibrachte, wie man stirbt.

Antonio flößte ihm Vertrauen ein, indem er ihm das rechte Bein und den Oberschenkel als festes Angriffsziel bot und ihm dann zeigte, wie er dem Köder ohne Schmerzen folgen konnte und daß dies ein Spiel sein konnte.

Dann spielten sie das Spiel zusammen, auf beiden Seiten, immer im Kreis. Rauf und runter. Nimm es, Stier. Brav, wickle dich um mich rum, Stier. Versuch's noch einmal, Stier. Und noch einmal.

Dann hatte der Stier einen kleinen Einfall, während Antonio ihn um sich kreisen ließ. Er brach das Spiel mitten in einem langen Manöver ab, sah den Körper und ging auf ihn los. Das Horn ging nur den Bruchteil eines Zolls an ihm vorbei, und der Kopf des Stiers stieß gegen Antonio, während er ihn passierte. Antonio sah ihm nach, nahm ihn wieder mit der *muleta* auf und ließ ihn dicht vor seiner Brust passieren.

Dann wiederholte er mit dem Stier die ganze Lektion noch einmal und ließ ihn das Manöver, bei dem er fast erwischt worden wäre, noch zweimal exakt durchführen. Die Menge stand jetzt völlig in seinem Bann, er arbeitete zu der Musik, nach der sie verlangt hatten. Schließlich tötete er. Er ging gut hinein, der Degen traf knapp neben dem Zentrum. Die ganze Arena schrie nach dem Ohr, und alles winkte mit Taschentüchern. Aber der Stier war aus dem Maul blutend zusammengebrochen, wie es viele ordentlich getötete Stiere tun, und der Präsident verweigerte das Ohr, obwohl die Menge nicht aufhörte zu winken, bis der Stier hinausgeschleift war.

Antonio mußte eine Ehrenrunde durch die Arena laufen und noch zweimal herauskommen, um die Menge zu grüßen. Er kam kalt und wütend und distanziert in die Arena und sagte etwas zu Miguelillo, als dieser ihm ein Glas Wasser gab. Er trank ein wenig, mit leerem Blick, spülte sich dann den Mund aus und spie das Wasser auf den Sand. Später fragte ich Miguelillo, was er gesagt habe.

„Was soll ich machen, um ein Ohr abschneiden zu dürfen, sagte er zu mir. Nun, er hat's ihnen gezeigt."

Chicuelo II war der zweite Matador. Er ist, oder besser, er war klein, nicht größer als fünf Fuß zwei Zoll, ernst, mit würdigem, traurigem Gesichtsausdruck. Er ist mutiger als ein Dachs oder sonst ein Tier und als die meisten Männer, denke ich. Er kam als *novillero* und dann 1953 und 1954 als Matador von der schrecklichen Schule der *capeas* zum Stierkampf. Dies sind inoffizielle Stierkämpfe auf Dorfplätzen in Kastilien und der Mancha und manchmal auch in anderen Provinzen, wo Burschen aus dem Ort und umherreisende Gruppen angehender Toreros gegen Stiere antreten, die nicht selten unzählige Kämpfe hinter sich haben. Auf *capeas* ist schon gegen Tiere gekämpft worden, die vorher mehr als zehn Männer getötet haben. Man trägt die Kämpfe in Städten und Dörfern aus, die sich keine Stierkampfarena leisten können. Um die Ausgänge des Platzes zu blockieren, werden Karren zusammengeschoben, und man verhökert an die Zuschauer lange, kräftige spitze Schäfer- oder Hirtenstäbe, damit sie die Amateurstierkämpfer in die Arena zurückstoßen oder verprügeln können, wenn diese zu fliehen versuchen.

Chicuelo II war bis zu seinem fünfundzwanzigsten

Lebensjahr ein Star der *capeas* gewesen, und während die anerkannten Stierkämpfer der Manolete-Ära und danach Stieren und Halb-Stieren und Dreijährigen mit gestutzten Hörnern gegenüberstanden, hatte er die ganze Zeit gegen Stiere mit intakten Hörnern gekämpft, die bis zu sieben Jahre alt waren. Viele dieser Stiere hatten bereits Kampferfahrung und waren daher so gefährlich, wie nur ein wildes Tier sein kann. Er hatte in Dörfern gekämpft, wo es weder Krankenhäuser noch Hospitäler noch Ärzte gegeben hatte. Um überleben zu können, mußte er sich gut mit Stieren auskennen, und er mußte wissen, wie nahe man ihnen kommen konnte, ohne erwischt zu werden. Er wußte, wie man bei Stieren überlebt, die ihn praktisch jederzeit töten konnten, und er hatte sämtliche Trickmanöver und Zirkustricks gelernt, die es gab. Außerdem hatte er gelernt, Stiere fachgerecht und gut zu töten, und er hatte eine geschickte, wunderbare linke Hand, die ihn schützte, wenn er zum Töten ansetzte, da sie den Kopf des Stieres auf perfekte Weise unten hielt – ein Ausgleich für seine kurze Statur. Und er hatte, abgesehen von seinem großartigen Mut, ungeheures Glück.

In dieser Saison war er aus dem Ruhestand zurückgekehrt, weil ihn alles, außer Stierkampf, anödete. Zurückgezogen hatte er sich, weil er wußte, daß er Glück gehabt hatte und daß der Krug nur so lange zum Brunnen geht, bis er bricht. Er war zurückgekommen, weil ihm nichts anderes wirklich Spaß machte. Und wie immer ging es auch um Geld.

Er zog einen guten Stier, der im Verhältnis zu seiner eigenen winzigen Gestalt groß genug war, um geradezu riesig zu wirken. Der Stier hatte zwei gute Hörner, und Chicuelo II lieferte den zu Recht berühmten Beweis dafür, wie man in der Stierkampfarena überlebt und dabei doch näher am Stier arbeitet, als jeder normale Mensch es tun würde. Er tat es, ganz selbstverständlich, mit phantastischen Reflexen und seinem erstaunlichen Glück, und er machte eine Reihe guter Manöver und sämtliche Trick- und Zirkusmanöver, die es gibt, und er machte sie gut. Es wäre wesentlich gefährlicher gewesen, den Stier aus größerer Entfernung zu nehmen und ihn klassisch passieren zu lassen. Aber es sah nicht so aus, und Chicuelo machte soviel wie möglich rückwärts, wobei er, während der Stier unter seinem ausgestreckten Arm hindurchlief, zu den Zuschauern blickte, um sie an Manolete zu erinnern, der zusammen mit seinem Manager den Stierkampf in seine zweitschlimmste Krise gestürzt hatte und dann getötet wurde und im Tod ein Halbgott geworden war und sich damit jeglicher Kritik für immer entzogen hatte.

Die Menge liebte Chicuelo II, und das mit Recht. Er war einer von ihnen, und er zeigte ihnen, was sie für Stierkampf zu halten gelehrt worden waren, und er tat es mit einem echten Stier. Dazu brauchte er Glück, aber auch ein enormes Wissen und einen schier übermenschlichen Mut. Als er zum Töten ansetzte, traf er beim erstenmal auf Knochen, aber dann bohrte er den Degen von hoch oben hinein und verschwand fast zwischen den Hörnern, während seine geschickte Linke den toten Stier unter seiner flachen Rechten hervorzog.

Der Präsident gab ihm beide Ohren, und er lief mit ihnen eine Ehrenrunde durch die Arena in freudigem Ernst. Ich denke gern daran zurück, wie er in diesem Sommer war, und es hat keinen Sinn, daran zu denken, was geschah, als sein Glück ihn einmal verließ.

Antonios zweiter Stier erwies sich als stattlich, schwarz glänzend, gut gehörnt und mutig. Er kam in schönem Lauf herein, und ich sah, daß Antonio ihn sofort übernehmen wollte. Er hatte gerade mit der *capa* angefangen, als ein angehender Stierkämpfer, ein ziemlich fähiger, gutaussehender Bursche in Mütze, hellem Hemd und blauer Hose, von der Sonnenseite zu unserer Linken gesprungen kam, über den Zaun flankte und seine *muleta* vor dem Stier ausbreitete. Während Ferrer, Joni und Juan, Antonios drei *banderilleros*, zu ihm rannten, um ihn zu packen und der Polizei zu übergeben, bevor der Stier ihn womöglich aufspießte und für den Kampf verdorben war, machte der Junge drei oder vier gute Manöver. Er machte sich den natürlichen *brío* des Stiers zunutze und stellte sich quer zu seinen Angriffen, wobei er gleichzeitig drei schnellen Männern auszuweichen hatte, die ihn zu fangen und aus der Arena zu bringen versuchten.

Nichts kann einen Stier für einen Matador so schnell und so vollständig ruinieren wie die Einmischung eines *espontáneo* in den Kampf. Der Stier lernt mit jedem Manöver, und ein großer Stierkämpfer macht kein einziges Manöver, ohne damit auf ein bestimmtes Ergebnis hinzuarbeiten. Wenn der Stier am Anfang des Kampfs einen Mann erwischt und aufspießt, hat er die Arglosigkeit seiner früheren Kontakte mit einem Mann zu Fuß, auf der jede offizielle *corrida* basiert, völlig verloren. Aber ich sah, wie Antonio den Jungen bei seinen geschickten und guten Manövern beobachtete, und trotz der Tatsache, daß der Junge dabei war, ihn einer Katastrophe auszusetzen, merkte ich, daß Antonio nicht beunruhigt war. Er studierte den Stier und lernte aus jeder seiner Bewegungen.

Schließlich fingen Joni und Ferrer den Jungen ein, und er ging ruhig zur *barrera*. Antonio lief mit der *capa* zu ihm hinüber, sagte etwas zu ihm, legte einen Arm um ihn und drückte ihn an sich. Dann ging er mit der *capa* hinaus und übernahm den Stier. Er kannte ihn jetzt und wußte ihn genau einzuschätzen.

Seine ersten Manöver waren von unnachahmlicher,

langsam-gemessener Eleganz, sie schienen nicht enden zu wollen, diese Schwünge der *capa* vor dem Stier. Das Publikum wußte, daß es jetzt etwas sah, was es noch nie gesehen hatte, und daß kein Trick dahintersteckte. Sie hatten noch nie gesehen, daß ein Matador jemandem gratulierte und verzieh, der ihm seinen Stier hätte ruinieren können, und jetzt begriffen sie etwas, was sie vorhin beim ersten Stier zwar gesehen, aber nicht begriffen hatten. Antonio handhabte die *capa* wie noch kein Sterblicher vor ihm.

Er führte den Stier zu einem der Salas-Brüder hinüber, den *picadores*, und sagte: „Geh vorsichtig mit ihm um und tu, was ich dir sage."

Der Stier war mutig und stark und kämpfte wütend unter dem Stahl, der perfekt plaziert worden war. Antonio übernahm ihn und machte die gleichen langsamen, schönen *veronicas* noch einmal.

Bei zweiten Angriff mit der gut plazierten *pica* stieß der Stier das Pferd um und schleuderte Salas gegen die Planken der *barrera*.

Juan, sein Bruder und persönlicher *banderillero*, wollte, daß der Stier die Pferde noch einmal angreift, da er noch sehr kräftig war und zwei weitere *picas* hätte vertragen können, ehe seine Nackenmuskeln erlahmt wären und er den Kopf zum Töten senkte.

„Keine Belehrungen", sagte Antonio zu ihm. „Ich will ihn so, wie er ist."

Antonio bat den Präsidenten durch ein Zeichen, zu den *banderillas* übergehen zu dürfen. Und nach nur einem einzigen Paar *banderillas* bat er wieder um Erlaubnis, den Stier mit der *muleta* übernehmen zu dürfen.

Er nahm den Stier mit der *muleta* so gewandt, so einfach und so flüssig, daß jedes Manöver aussah wie eine Skulptur. Er führte alle klassischen Manöver vor, und dann schien es, als ob er sie noch verfeinere, in der Linienführung reiner und gefährlicher mache, indem er seine *naturales* durch Beugen des Ellenbogens bewußt verkürzte, um den Stier dichter an sich vorbeizulassen, als man es sich überhaupt vorstellen konnte. Es war ein großer Stier, gesund, mutig und stark und mit guten Hörnern, und Antonio machte die perfekteste und klassischste *faena* mit ihm, die ich je gesehen hatte.

Als er dann fertig und der Stier zum Töten bereit war, dachte ich, er drehte durch. Er fing an, die Tricks von Manolete auszuführen, die Chicuelo II gerade dazu benutzt hatte, um dem Publikum zu zeigen, wie man sie richtig ausführt, falls es das war, was die Leute hier sehen wollten. Er arbeitete mit dem Stier im Sand der Arena, dort, wo die letzten drei Stiere die *pica* erhalten hatten und der Sand von den Hufen zerwühlt und umgepflügt war. Als er den Stier bei einem Manöver, das *girardilla* heißt, hinter sich passieren lassen wollte, rutschte der Stier auf dem rechten Hinterhuf aus, geriet aus dem Gleichgewicht und bohrte sein rechtes Horn in Antonios linke Hinterbacke. Es gibt keine unromantischere und keine gefährlichere Stelle, wo man aufgespießt werden kann, und er war selbst schuld an dieser Wunde, er wußte es und wußte auch, wie ernst die Verletzung war, und er haßte den Gedanken, daß er nun daran gehindert sein könnte, den Stier zu töten und seinen Fehler vergessen zu machen. Der Stier traf ihn voll. Ich sah das Horn hineingehen und Antonio vom Boden heben. Aber er landete auf den Füßen und stürzte nicht.

Blut schoß hervor, und er lehnte sich mit dem Hinterteil gegen die roten Planken der *barrera*, als wolle er so die Blutung stillen. Ich beobachtete Antonio und sah deshalb nicht, wer den Stier weggenommen hatte. Der kleine Miguelillo war als erster über die *barrera* gekommen; er stützte Antonio an einem Arm, als Domingo

Luis Miguel Dominguín 1954 beim Training für sein Come-back in der Arena. Foto von A. E. Hotchner.

Hemingway mit Dominguín und der Schauspielerin Ava Gardner 1954. Foto von A. E. Hotchner.

Antonio Ordóñez beobachtet die Arbeit Dominguíns bei einem ihrer *mano a mano*-Kämpfe. Foto © Larry Burrows.

Antonio Ordóñez zeigt einen *pase de pecho*. Bilbao 1952. Foto von Cuevas, mit freundlicher Genehmigung der John F. Kennedy Library.

Dominguín beim Vorbereiten (oben) und Plazieren der *banderillas*. Er galt als Meister dieser Phase innerhalb des Stierkampfs. Valencia 1959. Fotos von Cuevas, mit freundlicher Genehmigung der John F. Kennedy Library.

Dominguín mit zwei seiner „Tricks“, die Hemingway nicht mochte: den Stier küssen (oben) und so tun, als telefoniere er mit ihm. Fotos von Cuevas, mit freundlicher Genehmigung der John F. Kennedy Library.

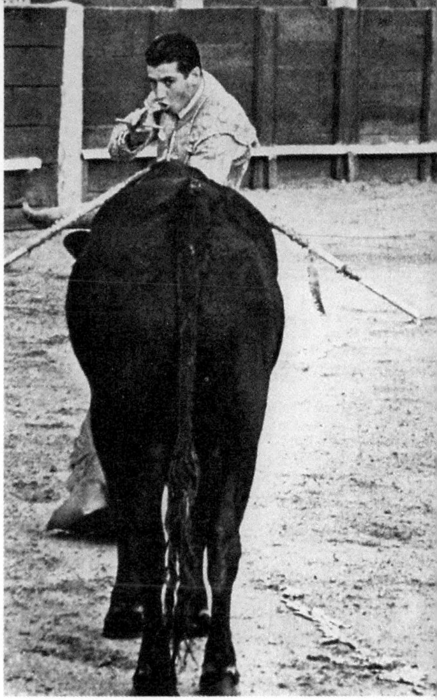

Ordóñez bereitet sich zum Töten vor. Logroño 1955. Foto von Cuevas, mit freundlicher Genehmigung der John F. Kennedy Library.

Ordóñez mit einem *derechazo de rodillas*, einem rechtshändigen Manöver mit der *muleta*, auf dem rechten Knie ausgeführt. Foto mit freundlicher Genehmigung der John F. Kennedy Library.

Ordóñez wird nach seiner Verletzung in der Arena von Aranjuez am 30. Mai 1959 herausgetragen. Er hält den Schwanz des Stiers in der Hand, den man ihm neben den beiden Ohren und einem Huf zugesprochen hatte. Foto von Cuevas, mit freundlicher Genehmigung der John F. Kennedy Library.

Hemingway und A. E. Hotchner kümmern sich um Ordóñez' *cornada*. Foto © Larry Burrows.

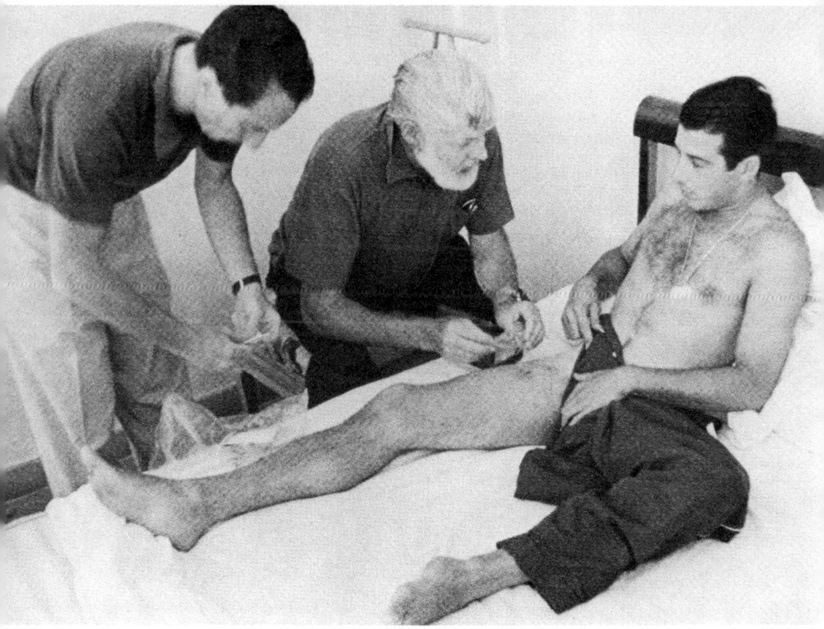

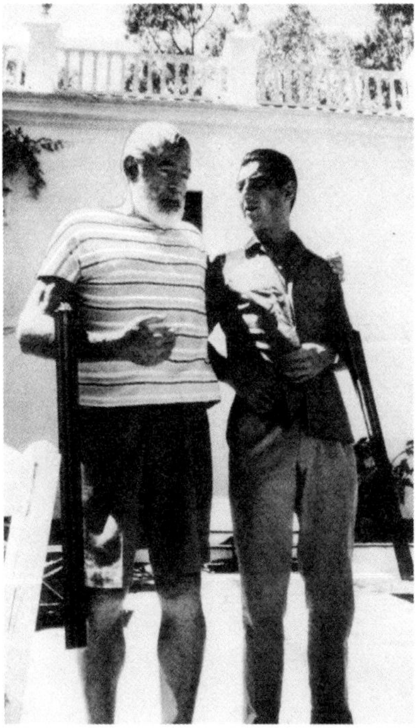

Hemingway und Ordóñez, von A. E. Hotchner assistiert, beim Tontaubenschießen in La Consula, Bill Davis' Besitz in der Nähe von Málaga, wo Ordóñez sich nach seiner Verletzung erholte. Foto © Larry Burrows.

Dominguín, sein Manager, und Pepé, sein Bruder, in die Arena flankten. Jeder sah die Schwere der Hornverletzung, und sein Bruder, sein Manager und sein Degenträger packten ihn und hielten ihn und wollten ihn ins Krankenhaus bringen. Antonio schüttelte sie alle wütend ab und sagte zu Pepé: „Und du willst ein Ordóñez sein."

Er ging aufgebracht und entsetzlich blutend zu dem Stier. Ich hatte ihn schon früher fürchterlich wütend in der Arena gesehen, und häufig kämpfte er in einer Mischung aus Glückseligkeit und intelligenter, tödlicher Wut. Er würde diesen Stier jetzt töten, so gut ein Stier nur getötet werden konnte, und er wußte, daß er ihn sehr schnell töten mußte, ehe er zuviel Blut verlor und bewußtlos wurde.

Er brachte den Stier in Stellung, und ich beobachtete, wie er die *muleta* tief, tief, tief sinken ließ und auf die tödliche Stelle oben zwischen den Schulterblättern zielte, perfekt hineinging und über dem Horn herauskam. Dann hob er die Hand, während er dem Stier ins Auge blickte und ihm gebot, zu Boden zu sinken, den Tod in sich, den er in ihn gestoßen hatte.

Da stand er, blutend, und wollte keinen an sich heranlassen, bis der Stier wankte und auf die Seite rollte. Blutend stand er da, und seine Leute hatten Angst, ihn anzufassen, nachdem sie gehört hatten, was er gerade zu ihnen gesagt hatte, bis der Präsident auf die geschwenkten Taschentücher und das Geschrei reagierte und das Zeichen gab, daß beide Ohren, der Schwanz und ein Fuß abgeschnitten werden durften. Er wartete, bis ihm die Trophäen gebracht wurden, und ich sah ihn blutend dort stehen, während ich mich durch die Menge zum Eingang der Arena drängte, der für ihn der Eingang zum Krankenhaus sein würde. Dann wandte er sich um und machte zwei Schritte, um die Ehrenrunde anzutreten, und dann glitt er in die Arme von Ferrer und Domingo. Er war vollkommen bei Bewußtsein, aber er wußte, daß er am Verbluten war und es für ihn jetzt nichts mehr zu tun gab. Dieser Nachmittag war gelaufen, und er mußte wieder fit werden, um zum Kampf zurückkehren zu können.

Im Krankenhaus untersuchte Dr. Tamames die Wunde, sah, womit er es zu tun hatte und wie ernst sie war, tat das unmittelbar Notwendige, verschloß die Wunde und brachte Antonio schnellstens zur Operation nach Madrid ins Hospital Ruber. Vor dem Krankenhauseingang stand der Junge, der in die Arena gesprungen war, und weinte.

Antonio erwachte gerade aus der Narkose, als wir in der Ruber-Klinik ankamen. Die Wunde im Gesäßmuskel des linken Beines war sechs Zoll tief. Das Horn hatte knapp das Rektum verfehlt und die Muskeln bis fast an den Ischiasnerv durchtrennt. Dr. Tamames erklärte mir, ein achtel Zoll weiter nach rechts hätte es das Rektum durchbohrt und wäre in den Darm gegangen. Und wenn es eine Spur tiefer gegangen wäre, hätte es den Ischiasnerv getroffen. Tamames hatte die Wunde geöffnet und gereinigt, den Schaden behoben und die Wunde zugenäht und eine Drainage mit einer uhrwerkähnlichen Absaugvorrichtung gelegt. Man hörte sie ticken wie ein Metronom.

Antonio kannte das Geräusch. Dies war seine zwölfte schwere Hornverletzung. Sein Gesicht war ernst, aber seine Augen lächelten.

„Ernesto“, sagte er mit andalusischem Akzent: „Ährnesthto.“

„Tut's sehr weh?“

„Noch nicht“, sagte er. „Das kommt noch.“

„Sprich nicht“, sagte ich. „Lieg so ruhig, wie du kannst. Manolo sagt, es sei in Ordnung. Wenn du schon was abbekommen mußtest, hättest du dir keine bessere Stelle aussuchen können. Ich werde dir alles erzählen, was er mir sagt. Und jetzt geh ich. Nimm's so leicht, wie du kannst."

„Wann kommst du wieder?"

„Morgen, wenn du aufwachst."

Carmen hatte an seinem Bett gesessen und ihm die Hand gehalten. Sie küßte ihn, und er schloß die Augen. Er war noch nicht richtig wach, und die Schmerzen hatten noch nicht richtig angefangen.

Carmen kam mit mir aus dem Krankenzimmer, und ich erzählte ihr, was Tamames mir gesagt hatte. Ihr Vater war Matador gewesen. Sie hatte drei Brüder, die Matadore waren, und jetzt war sie mit einem Matador verheiratet. Sie war schön, reizend und liebevoll und bei jedem Ernstfall, jedem Unglück ruhig. Das Schrecklichste hatte sie hinter sich, jetzt begann ihre Aufgabe, eine Aufgabe, die sie seit ihrer Hochzeit mit Antonio jedes Jahr einmal hatte erfüllen müssen.

„Wie ist es denn eigentlich passiert?" fragte sie mich.

„Es hätte nicht passieren müssen. Es gab keinen Grund dafür. Er muß ja nicht rückwärts kämpfen."

„Sag ihm das."

„Er weiß es. Das brauche ich ihm nicht zu sagen."

„Sag es ihm trotzdem, Ernesto."

„Er braucht nicht mit Chicuelo II zu wetteifern", sagte ich. „Er wetteifert mit der Geschichte."

„Ich weiß", sagte sie; und ich wußte, daß sie daran dachte, daß ihr Mann bald mit ihrem Lieblingsbruder in Wettstreit treten würde, und die Geschichte würde dabei zusehen. Mir fiel ein, wie vor drei Jahren einmal bei einem Essen in ihrer Wohnung jemand gesagt hatte, wie wunderbar es wäre und wieviel Geld sie machen könnten, wenn Luis Miguel in die Arena zurückkehren und *mano a mano* mit Antonio kämpfen würde.

„Sag so was nicht", hatte sie gesagt. „Sie würden sich gegenseitig umbringen."

An diesem Abend sagte sie: „Good-bye, Ernesto. Hoffentlich kann er schlafen."

Bill Davis und ich blieben in Madrid, bis Antonio außer Gefahr war. Nach der ersten Nacht fing der Schmerz an und steigerte sich bis zur Grenze des Erträglichen – und darüber hinaus. Die automatische Absaugpumpe hielt die Wunde zwar trocken, aber sie war unter dem Verband angeschwollen und spannte. Es war mir schrecklich, Antonio leiden zu sehen, ich wollte nicht Zeuge der Qualen sein, die er durchmachte, ich wollte nicht beobachten müssen, wie er dagegen ankämpfte, sich von dem Schmerz demütigen zu lassen, der an Stärke immer mehr zunahm wie ein Sturm auf der Beaufort-Skala. Er hatte etwa Windstärke zehn, würde ich sagen, also knapp über der Marke „Schwerer Sturm", wie wir in unserer Familie den Schmerz messen, an jenem Tag, an dem wir auf Tamames warteten, der den ersten Verband abnehmen wollte. Das ist der Zeitpunkt, zu dem man erfährt, ob man, von möglichen Komplikationen abgesehen, gewonnen hat oder nicht. Ist kein Brand entstanden und die Wunde sauber, hat man gewonnen, und ihr Mann kann mit einer solchen Wunde, je nach Moral und Training, in drei Wochen oder so wieder kämpfen.

„Wo bleibt er?" fragte Antonio. „Um elf wollte er hier sein."

„Er hat auf einem anderen Flur zu tun", sagte ich.

„Wenn sie bloß diese tickende Maschine abstellen!" sagte er. „Ich kann alles ertragen, nur dieses Ticken nicht."

Verwundete Matadore, die so schnell wie möglich wieder kämpfen wollen, erhalten nur ein Minimum an Beruhigungsmitteln. Dahinter steckt die Theorie, ihnen nichts zu geben, was ihre Nerven oder ihre Reflexe beeinträchtigen könnte. In einem amerikanischen Krankenhaus hätte man ihn wahrscheinlich schmerzfrei gehalten, „randvoll" nennt man das. In Spanien ist Schmerz einfach etwas, was ein Mann hinzunehmen hat. Ob der Schmerz die Nerven eines Mannes nicht vielleicht ebenso schädigt wie das Medikament, das ihn lindert, wird nicht in Betracht gezogen.

„Können Sie ihm nicht etwas geben, das ihn beruhigt?" hatte ich Manolo Tamames früher gefragt.

„Gestern abend habe ich ihm etwas gegeben", sagte Tamames. „Er ist Matador, Ernesto."

Sicher, er war Matador, und Manolo Tamames war ein hervorragender Arzt und ein wahrer Freund, aber es ist eine brutale Theorie, wenn man mit ansehen muß, wie sie praktiziert wird.

Antonio wollte, daß ich bei ihm bleibe.

„Ist es denn kein bißchen besser?"

„Es ist schlimm, Ernesto, ganz schlimm. Vielleicht kann er den Schlauch verlegen, wenn er's aufmacht. Wo mag er bloß sein?"

„Ich werde ihn suchen lassen."

Draußen war ein heller, kühler Tag mit einer Brise von den Guadarramas her, und in dem abgedunkelten Zimmer war es angenehm kühl, aber Antonio schwitzte vor Schmerzen und preßte die grauen Lippen zusammen. Er machte den Mund nicht auf, aber seine Augen fragten ständig nach Tamames. Der Vorraum war voller Leute, die schweigend oder flüsternd herumsaßen. Miguelillo nahm Telefonate entgegen. Antonios Mutter, eine stattliche Frau mit dunklem Gesicht, drall, das Haar straff zurückgekämmt, ging im Zimmer aus und ein, sie saß in einer Ecke und fächelte sich Luft zu oder kam und setzte sich ans Bett. Carmen nahm in einem anderen Zimmer Telefongespräche entgegen, wenn sie nicht gerade am Bett saß. Auf dem Flur saßen oder standen die *picadores* und *banderilleros*. Besucher kamen und gingen und hinterließen Nachrichten und Karten. Miguelillo ließ niemanden ins Zimmer außer den Familienmitgliedern.

Schließlich kam Tamames herein, gefolgt von zwei Krankenschwestern; er schickte alle nach draußen, die nicht sehen sollten, was jetzt geschehen würde. Er war ein erfahrener, barscher Mann und scherzte wie immer.

„Was hast du denn?" sagte er zu Antonio. „Meinst du, ich hätte keine anderen Patienten?"

„Kommen Sie her", sagte er zu mir. „Erlauchter Kollege. Stellen Sie sich hierher. Legen Sie ihn auf die Seite. Nun hilf schon mit, du, leg dich aufs Gesicht. Von Ernesto oder mir droht dir keine Gefahr."

Er schnitt den dicken Verband auf, nahm die Mullpakkung hoch, roch schnell daran und reichte sie mir. Ich roch daran und warf sie in die Schüssel, die die Krankenschwester mir hinhielt. Kein Brandgeruch. Tamames sah mich an und grinste. Die Wunde war sauber. Um vier Stiche der langen Naht sah es ein wenig entzündet aus, aber sonst gut. Tamames schnippelte den Gummischlauch der Drainage ab, so daß nur ein kurzes Stück übrigblieb.

„Schluß mit Ticktack", sagte er. „Beruhige deine schwachen Nerven."

Er reinigte, untersuchte und behandelte die Wunde schnell, und dann mußte ich ihm beim Ankleben des Verbandes zur Hand gehen.

„Nun zu deinen Schmerzen. Deinen berühmten Schmerzen", sagte er. „Der Verband mußte sicher befestigt werden. Verstehst du? Die Wunde schwillt an. Das ist ganz natürlich. Man kann sich nicht etwas, was dicker ist als ein Hammergriff, sechs Zoll tief ins Fleisch rammen und Zerstörungen im Muskel anrichten lassen, ohne daß man eine Wunde kriegt, die schmerzt und anschwillt. Der Verband drückt darauf, und dadurch wird's noch schlimmer. Aber der jetzige Verband ist doch bequem. Oder?"

„Ja", sagte Antonio.

„Also dann Schluß mit dem Gerede über Schmerzen."

„Sie hatten die starken Schmerzen ja auch nicht", sagte ich.

„Und Sie auch nicht", sagte Tamames. „Zum Glück."

Wir verzogen uns in eine Ecke, und die Familie kam ans Bett zurück.

„Wie lange, Manolo?" fragte ich.

„In drei Wochen wird er wieder kämpfen, falls keine Komplikationen eintreten. Es ist eine sehr große Wunde, Ernesto, und es wurde viel zerstört. Es tut mir leid, daß er solche Schmerzen hatte."

„Die hatte er massenhaft."

„Wird er zu Ihnen nach Málaga kommen, um sich in Form zu bringen?"

„Ja."

„Schön. Ich werde ihn runterbringen, sobald er transportfähig ist."

„Ich fahre morgen abend – falls er okay ist und kein Fieber hat. Ich habe eine Menge zu arbeiten."

„Gut. Ich sag Ihnen Bescheid, wenn er reisefähig ist."

Ich hinterließ Nachricht, daß wir am Abend wiederkommen würden. Es waren jetzt viele Familienmitglieder und alte Freunde da, und ich wollte mit Bill raus hier, ins Tageslicht und in die Stadt. Wir wußten jetzt, es würde gut ausgehen, und ich wollte nicht stören. Es war noch Zeit, in den Prado zu gehen, solange das Licht gut war. Zu bestimmten Tageszeiten waren die Lichtverhältnisse dort ausgezeichnet.

Als Antonio und Carmen auf dem lustigen kleinen Flughafen von Málaga aus dem Flugzeug stiegen, stützte er sich schwer auf einen Stock, und ich mußte ihm durch die Halle und in den Wagen helfen. Es war eine Woche, nachdem ich mich von ihm im Krankenhaus verabschiedet hatte. Er und Carmen waren todmüde von der Reise; wir aßen alle zusammen ruhig zu Abend, und dann half ich, ihn in ihr Schlafzimmer zu bringen.

„Du stehst früh auf, Ernesto, oder?" fragte er. Ich wußte, daß er, wenn er auf Reisen war und kämpfte, gewöhnlich bis Mittag und manchmal noch länger schlief.

„Sicher, aber schlaf du länger. Schlaf so lange, wie du kannst, und ruh dich aus."

„Ich will mit dir raus. Auf der Ranch steh ich auch immer früh auf."

Am frühen Morgen, noch ehe der Tau in den Gärten getrocknet war, kam er am Stock die Treppe hoch und durch den Flur zu meinem Zimmer.

„Hast du Lust auf einen Spaziergang?" fragte er.

„Sicher."

„Dann gehen wir", sagte er. Er legte den Stock auf mein Bett. „Schluß mit dem Stock", sagte er. „Behalt du ihn."

Wir gingen etwa eine halbe Stunde; ich hielt ihn vorsichtig am Arm, damit er nicht hinfiel.

„Was für ein Garten", sagte er. „Größer als der Botánico in Madrid."

„Das Haus ist ein bißchen kleiner als der Escorial. Aber auf der anderen Seite sind hier keine Könige begraben, und man kann Wein trinken, und es ist erlaubt zu singen."

In fast allen spanischen Bars und Bodegas hängt ein Schild, daß es nicht gestattet sei zu singen.

„Wir werden singen", sagte er. Wir gingen so lange,

wie er es meiner Meinung nach aushalten konnte. Dann sagte er: „Ich habe einen Brief von Tamames für dich, in dem er die weitere Behandlung vorschreibt."

Ich hoffte, wir hatten die nötigen Medikamente und Vitamine im Haus, oder wenigstens, daß ich sie in Málaga oder Gibraltar würde auftreiben können.

„Gehen wir ins Haus, dann geb ich ihn dir, damit wir anfangen können. Wir wollen keine Zeit verlieren."

Ich blieb in der Vorhalle, und er machte sich auf den Weg zu ihrem Zimmer, er bemühte sich, fest aufzutreten, stützte sich aber mit der einen Hand an der Wand. Er kam mit einem kleinen Besuchskartenumschlag zurück, der an mich adressiert war. Ich machte ihn auf, nahm die Karte heraus und las: „Erlauchter Kollege: hiermit überantworte ich meinen Patienten Antonio Ordóñez Ihrer Pflege. Sollten Sie operieren müssen: con mano duro [mit starker, fester Hand]. Gezeichnet Manolo Tamames."

„Ernesto, sollen wir mit der Behandlung beginnen?"

„Ich denke, wir könnten ein Glas Campañas rosado zu uns nehmen", sagte ich.

„Meinst du, das ist angezeigt?"

„So früh am Morgen gewöhnlich nicht, aber als mildes Abführmittel."

„Können wir schwimmen gehen?"

„Erst mittags, wenn es wärmer wird."

„Aber vielleicht wäre das kalte Wasser ganz gut."

„Vielleicht kriegst du auch Halsschmerzen davon."

„Meine Halsschmerzen sind weg. Laß uns *jetzt* schwimmen gehen."

„Wir gehen schwimmen, wenn die Sonne das Wasser aufgewärmt hat."

„Na schön. Dann gehen wir noch etwas spazieren. Erzähl mir, was inzwischen alles passiert ist. Hast du gut schreiben können?"

„An manchen Tagen sehr gut. An anderen nicht so gut.“

„Bei mir ist es genauso. Es gibt Tage, da kann man überhaupt nicht schreiben. Aber die Leute haben dafür bezahlt, einen zu sehen, also schreibt man, so gut man kann.“

„Du hast neulich ganz gut geschrieben.“

„Ja. Aber du weißt, was ich meine. Bei dir gibt's auch Tage, an denen nichts kommt.“

„Ja. Aber ich zwinge mich immer dazu und gebrauche meinen Kopf.“

„Ich auch. Und es ist herrlich, wenn man dann richtig schreibt. Es gibt nichts Besseres.“

Es macht ihm immer großen Spaß, die *faena* Schreiben zu nennen.

Wir sprachen über alles mögliche: über die verschiedenen Probleme des Künstlers in der Welt, in der er lebt; über Technisches und Berufsgeheimnisse; über Finanzen; manchmal über Wirtschaft und Politik. Manchmal über Frauen, sehr oft über Frauen, und daß wir uns bemühen sollten, gute Ehemänner zu sein; dann vielleicht über Frauen, anderer Leute Frauen, und über unseren Alltag und unsere Probleme. Wir sprachen den ganzen Sommer lang und den ganzen Herbst, während der Fahrten von einem Kampf zum anderen und bei den Mahlzeiten und zu ungewöhnlichen Stunden während der Erholungsphasen. Und aus Spaß und zum Zeitvertreib übten wir uns auch darin, Leute – wie man es bei Stieren macht – auf den ersten Blick hin zu beurteilen. Aber das war später.

An diesem ersten Tag auf La Consula sprachen und scherzten wir, glücklich, daß die Verletzung überstanden war und die Wiederherstellung beginnen konnte. Am ersten Tag schwamm Antonio nur wenig. Die Wunde zog noch, und ich wechselte den kleinen Verband. Am zweiten Tag ging er zwar noch vorsichtig, aber sicher und ohne zu hinken. Mit jedem Tag wurde er kräftiger und gesünder. Wir machten Gymnastik, schwammen, schossen Tontauben im Olivenhain hinter den Ställen, trainierten anständig, aßen und tranken gut und vergnügten uns. Einmal übernahm er sich, als er an einem rauhen Tag im Meer badete und die schweren, mit Sand gemischten Brecher die Wunde teilweise wieder öffneten. Aber ich konnte sehen, daß sie ordentlich und gut heilte, und säuberte und verband sie und klebte sie zu.

Alle waren glücklich, und es war, als ob Carmen und Antonio auf Hochzeitsreise wären. Die erzwungene Zeit der Genesung nach der Hornverletzung hatte ihnen die Möglichkeit gegeben, wenigstens in diesem Juni ein normales Eheleben zu führen, und obwohl das teuer mit Blut und Einnahmeverlusten bezahlt wurde, machten sie beide das Beste daraus, und Carmen wurde mit jedem Tag schöner.

Schließlich reisten sie zu der Ranch ab, die ihnen gehörte und die sie noch immer abzahlten; sie lag in Valcargado in den welligen Bergen der Landschaft um Medina Sidonia unterhalb von Cádiz. Ich legte einen letzten Verband auf die Wunde, für die Fahrt mit dem kleinen Chevrolet-Lastwagenchassis, das für die *cuadrilla* und ihre Ausrüstung zu einem Reisebus umgebaut worden war. Wir sagten uns good-bye, und dann verschwanden sie, Antonio am Steuer, durchs Tor.

6

Luis Miguel hatte seit Antonios Verletzung in Aranjuez viermal gekämpft, und von allen Seiten wurde berichtet, er sei phantastisch. Ich hatte Miguel gesehen und mit ihm gesprochen, als er von seinen großen Erfolgen in Granada heraufkam, um Antonio im Krankenhaus zu besuchen, und ich wollte ihn unbedingt kämpfen sehen. Ich hatte ihm versprochen, daß wir ihn in Algeciras sehen würden, wo er zweimal kämpfen sollte.

An einem klaren windigen Tag fuhren wir die schöne Küstenstraße entlang nach Algeciras. Ich war beunruhigt wegen des Windes und seinen Auswirkungen auf den Kampf, aber die Arena von Algeciras ist so gelegen und so gebaut, daß sie guten Schutz vor dem schweren Ostwind bietet, den man dort Levante nennt. Dieser Wind ist der Fluch der Küstenregion Andalusiens, wie der Mistral in der Provence, aber er beeinträchtigte die Stierkämpfer nicht, obwohl die Flagge am Mast oben auf der Arena stramm knatterte.

Luis Miguel war so gut, wie all die Berichte ihn geschildert hatten. Er war stolz, ohne arrogant zu sein, ruhig, und in der Arena immer ausgeglichen, und er hatte alles, was dort vorging, vollständig unter Kontrolle. Es war ein Vergnügen, ihn den Kampf lenken zu sehen und seine Intelligenz in Aktion zu beobachten. Er war mit jener vollkommenen und ehrfürchtigen Konzentration bei der Arbeit, die alle großen Künstler auszeichnet.

Mit der *capa* war er besser, als ich ihn in Erinnerung hatte, aber seine *veronicas* berührten mich nicht. Doch das reichhaltige Repertoire seiner Manöver war wunderbar. Sie waren unendlich gekonnt, perfekt in der Ausführung.

Auch als *banderillero* war er meisterhaft; er setzte drei Paare, die auch die besten *banderilleros*, die ich gesehen hatte, nicht besser hätten plazieren können. Da war nichts Zirkushaftes oder Pompöses im Spiel. Er rannte nicht auf den Stier los, sondern forderte von Anfang an seine Aufmerksamkeit, brachte ihn dazu, Kontakt mit ihm aufzunehmen, indem er ihn in geometrischen Figuren zu sich heranführte, und wenn das Horn in seine Reichweite kam, hob er die Arme und plazierte die Stäbe genau an den richtigen Stellen.

Seine Arbeit mit der *muleta* war effektvoll und interessant. Die klassischen Manöver waren alle gut ausgeführt, er beherrschte eine ungeheure Vielfalt an Manövern und machte ausführlich davon Gebrauch. Er tötete gekonnt, ohne sich unnötigen Gefahren auszusetzen. Ich sah, daß er wirklich gut töten konnte, wenn er wollte. Und ich sah auch, warum er viele Jahre der Stierkämpfer Nummer eins in Spanien und der Welt gewesen war (das ist die in Spanien übliche Reihenfolge). Mir wurde klar, was für ein gefährlicher Konkurrent er für Antonio werden würde, und als ich Luis Miguel bei seinen beiden Stieren beobachtete – beim zweiten war er sogar noch besser –, hatte ich nicht den geringsten Zweifel, wie diese Konkurrenz ausgehen würde. Und sicher war ich, als ich das Kunststück gesehen hatte, das Luis Miguel mit dem Stier anstellte: nachdem er ihn mit der *muleta* vorbereitet hatte, warf er *muleta* und Degen beiseite und kniete sich vorsichtig, innerhalb des Gesichtsfeldes des Stiers vor seine Hörner – unbewaffnet.

Das Publikum liebt das, aber nachdem ich es zweimal gesehen hatte, wußte ich, wie es funktionierte. Ich hatte nämlich auch etwas anderes gesehen: Die Hörner von Luis Miguels Stieren waren an den Spitzen gekürzt und in die normale Form zurückgehobelt worden. Ich sah den Schimmer des gebrauchten Schmieröls, das die vorgenommenen Manipulationen verbarg und den Hörnern den normalen, gesund aussehenden Glanz verlieh. Die Hörner sahen aus, als seien sie in Ordnung, es sei denn, man wußte, wie man Hörner zu betrachten hatte.

Luis Miguel war erstaunlich gut in Form, er war ein großartiger Stierkämpfer, er hatte enorme Klasse, großes Wissen und großen Charme sowohl innerhalb wie außerhalb der Arena, und er war ein sehr gefährlicher Konkurrent. Nur – er sah ein wenig zu abgespannt aus für diesen frühen Zeitpunkt der Saison, wo noch ein anstrengendes Programm vor ihm lag. Ich wußte, daß Antonio in diesem Stadium des Duells einen entscheidenden Vorteil hatte: Er hatte gegen Stiere gekämpft, an deren Hörnern nicht herumgepfuscht worden war, in Madrid und in Córdoba, wo ich ihn beim Kampf gegen den Stier mit den gewaltigen Hörnern beobachtet hatte. Miguel sah ich mit Stieren, deren Hörner manipuliert waren.

Erfahrene Leute, die in unserer Nähe saßen, wußten es und machten sich nichts draus. Sie kamen wegen des Spektakels. Andere gehörten zum Geschäft, und die machten sich auch nichts draus. So war eben das Geschäft. Die meisten Leute merkten es gar nicht. Ich wußte es, und mir machte es etwas aus, weil ich glaubte, wenn ich ihn so sah, daß Miguel ein großes Gespür für und Wissen über Stiere besaß und daß er gegen jede Art von Stieren hätte antreten können und zu den wirklich Großen zählte; etwa wie Joselito. Aber eine Schonkost mit dieser Art von Stieren, deren Verteidigungswaffen stumpf gemacht worden waren, würde ihn langsam, aber sicher für echte Stiere untauglich machen, denen er irgendwann einmal entgegentreten mußte.

Nach der *corrida* trafen wir Miguelillo, der uns zu Antonios Ranch bringen sollte. Wir fuhren bei Dunkelheit aus der Stadt weg und auf die Straße, die sich um den wilden westlichen Pfeiler Europas herum vom Meer weg ins Land der Bäche, ausgetrockneten Lagunen und welligen Berge schlängelt, vorbei an der zauberhaften, weißen, hochgelegenen Stadt Vejer auf die Landstraße, die um die Berge herum zu Antonios Ranch führte. Wir kamen spät an, speisten um Mitternacht und gingen bald darauf ins Bett. Die Ranch hatte die hübsche Größe von rund dreitausend Acres, mit viel natürlichem Futter und sehr gutem Wasser. Er besaß Zuchtkühe, Jährlinge, zwei Zuchtbullen und eine *corrida* von sechs *novillos* sowie eine von sechs ausgewachsenen kampfbereiten Stieren. Die Weiden und Gehege waren noch nie zur Aufzucht von Kampfstieren benutzt worden und deshalb sauber. Auf einem beträchtlichen Teil der Ranch hatte Antonio Getreide angebaut. Es wurde gerade gemäht, und wir fuhren ganz früh morgens mit dem Landrover raus und inspizierten alles.

Zurück in dem weißgetünchten Ranchhaus mit seinen Scheunen, Ställen, Hühnergehegen, Höfen und Vorratsgebäuden, die alle mehr oder weniger mit den Wohngebäuden verbunden waren, erfuhren wir, daß Luis Miguel, Jaime Ostos und zwei Stierzüchter zum Mittagessen vorbeikommen würden.

Es war eine lange, fröhliche, schwere Mahlzeit; die vier Besucher, Antonio und ich und Rupert saßen an einem Tisch im Sonnenzimmer, und unsere Frauen, Bill und ein Paar aus Valencia, gute Freunde von Carmen und Antonio, saßen an einem Tisch in dem großen, dunklen, kühlen Speisezimmer. Irgendwie erinnerte mich die Atmosphäre an Mahlzeiten im Krieg, wenn einer von zwei Generälen, die sich seit West Point nicht ausstehen konnten, den anderen in seinem Hauptquartier zu Gast hatte, und beide übertrieben freundlich miteinander speisten und sich dabei voller Hoffnung belauerten, ob sie beim anderen nicht irgendeinen Hinweis auf verlangsamte Reaktionen, eine neue Schwäche, Unsicherheit oder Verfall bemerkten. Es war ein sehr herzhaftes Essen, und jeder machte sich über jeden lustig, allerdings ein bißchen vorsichtig und ohne Spitzen. Luis Miguel und ich gingen ein bißchen grob miteinander um; aber behutsam grob. Wir waren schließlich Freunde. Ich bestimmt, und er auch. Aber zwischen ihm und Antonio war die Situation seit langem ziemlich brenzlig. Es war nett von ihm, daß er jetzt zum erstenmal zu Antonios Ranch rausgekommen war; Carmen wußte es zu schätzen, und es machte sie glücklich.

Nach drei Tagen fuhren wir zurück nach La Consula. Es waren schöne Tage gewesen, und ich wußte, daß Antonio wegen seiner Verletzung keine Probleme im Kopf hatte und daß er gut schlief und schnell gesund werden würde.

In vier Tagen wollten wir uns in Algeciras treffen, wo Luis Miguel noch einen Kampf zu bestreiten hatte. Am Montag nach dem Kampf wollten wir einen Tagesausflug nach Ronda machen. Danach wollte er zur Ranch zurück und das Training mit dem Zuchtvieh aufnehmen, das getestet werden mußte, und wir würden über die Berge zurück nach La Consula fahren und arbeiten, bis er wieder anfing zu kämpfen.

Die Pablo-Romero-Stiere, gegen die Luis Miguel in Algeciras kämpfte, waren in ebendem Maße in gutem Zustand, kräftig in Hufen und Beinen und schnell, wie die Pablo Romeros, gegen die Antonio in Madrid gekämpft hatte, übergewichtig, lahm und kümmerlich gewesen waren. Luis Miguel war den ganzen Nachmittag phantastisch. Er sah nicht mehr so abgespannt aus wie vor einer Woche, aber das lag vielleicht daran, daß er eine Woche Kampfpause gehabt hatte. Den ersten Stier nahm er mit beiden Knien im Sand, und er machte eine wunderbare *larga* mit ihm. Seine *capa*-Arbeit war ausgezeichnet, und seine *veronicas* waren die besten, die ich je von ihm gesehen hatte. Er widmete den Stier Mary und mir, rief ihren Namen laut und deutlich aus, damit sie wüßte, daß er für sie sei, und sie aufstünde. Wir saßen im ersten Drittel der Tribüne über einem *barrera*-Eingang und konnten, als wir aufgestanden waren, nicht hören, was er sagte, sondern nur sehen, wie die Lippen in seinem dunklen Gesicht sich bewegten. Mary war ganz aufgeregt und wurde rot. Dann ließ Luis Miguel den schweren Hut wie ein Ballspieler hochsegeln. Ich fing ihn auf und gab ihn Mary, und wir setzten uns wieder und sahen ihm bei seiner wunderbaren *faena* mit der *muleta* zu, direkt unter uns, wie er sich auf den Stier und die Geschwindigkeit seiner Reaktionen einstellte, ihn beherrschte und mit seinem ganzen umfangreichen Repertoire mit der *muleta* langsam und schön passieren ließ. Als er zum Töten zustieß, traf er zweimal auf Knochen, und der Ansatz war jedesmal eine *estocada* wert. Beim drittenmal ging der Degen ganz hinein. Das Publikum verlangte ein Ohr für ihn wegen der Lauterkeit seiner zwei Vorstöße mit dem Degen, aber der Präsident verweigerte es. Die Menge war ungehalten und ließ ihn zwei Ehrenrunden laufen.

Bei seinem zweiten Stier war Luis Miguel noch besser. Der Stier war vollkommen. Er hatte keine einzige Schwäche, und Miguel sah das sofort und machte sechs *veronicas*, ohne die Stellung seiner Füße zu ändern. Er plazierte drei Paar *banderillas poder a poder*, in derselben Art wie im letzten Kampf; er forderte den Stier auf, ließ ihn, während er auf ihn zuging, auf sich zukommen, bis sie mit voller Wucht aufeinandertrafen; dann schwang er sich über das Horn, und die Stäbe fuhren senkrecht auf den Zentimeter genau in die Stelle, wo sie hingehörten. Er war ein wundervoller *banderillero*, und seine Geschicklichkeit, sein Wissen und seine Kunst bewegten und beeindruckten mich tief. Er machte alles mit lockerer Grazie und Selbstvertrauen, und bei allem, was er tat, schien er glücklich und absolut sicher zu sein.

Dann hypnotisierte er den Stier, indem er die ausgebreitete *muleta* langsam vor seinen Augen vor- und zurückschwenkte; das kannte ich schon. Dem Stier wurde schwindlig davon, und das machte ihn für einige Zeit handlungsunfähig. Das gleiche kann man auch mit einem Huhn machen, wenn man ihm den Kopf unter einen Flügel steckt und es ein halbes dutzendmal mit der Hand vor- und zurückschwingt. Wenn man das Huhn dann, den Kopf immer noch unter dem Flügel, hinlegt, wird es eine Stunde oder länger hypnotisiert liegen bleiben, bis man es aufweckt. Mit diesem Salonkunststückchen hatte ich in Ostafrika viel Erfolg. Wenn wir mal dringend etwas brauchten und einen Zauber veranstalten mußten, um es zu bekommen, legte ich manchmal im Vorbau irgendeiner Eingeborenenhütte eines Dorfes unterhalb des Kilimandscharo auf diese Weise ein Dutzend Hühner in einer Reihe schlafen.

Luis Miguel hypnotisierte also den Stier mit diesen einschläfernden Bewegungen, kniete sich dann innerhalb seines Blickfeldes vor ihn, warf Degen und *muleta* weg und kehrte ihm den Rücken zu. Das war es, was Antonio und ich den *truco*, oder den Trick, nannten. Es war ein guter Trick, aber es war halt ein Trick. Luis Miguels Arbeit war so hervorragend und so brillant gewesen, daß er diesen Trick nicht nötig gehabt hätte. Aber er brauchte ihn, um sich des Präsidenten und des Publikums zu versichern.

Nachdem er den Stier geweckt und in Position zum Töten gebracht hatte, ging er gut mit dem Degen hinein und durchtrennte dann mit dem ersten Stoß des *descabello*-Degens das Rückenmark. Der Stier sackte zusammen, als ob jemand den elektrischen Strom abgestellt hätte. Der Präsident gab dem Sturm von Taschentüchern nach, und Miguels *banderillero* schnitt beide Ohren ab. Die Menge wollte ihm noch mehr geben.

Nach der *corrida* begaben wir uns in das angenehme Menschengewirr im alten „Maria-Cristina-Hotel" von Algeciras. Wir unterhielten uns eine Weile mit Luis Miguel, und Mary erfuhr, was er gesagt hatte, als er ihr den

Stier widmete: „Mary und Ernesto – den Tod dieses Stieres widme ich unserer ewigen Freundschaft." Wir waren beide gerührt, obwohl es die Dinge komplizierter machte als je. Ich versuchte, Luis Miguel und Antonio absolut gerecht zu beurteilen; aber die Rivalität begann die Form eines Bürgerkriegs anzunehmen, und es wurde immer schwieriger, neutral zu bleiben. Ich sah, was für ein großer und enorm vielseitiger Matador Luis Miguel war und in welch großartiger Form er war, und mir war klar, womit Antonio es zu tun haben würde, wenn die beiden erst einmal anfingen, in derselben Vorstellung aufzutreten.

Luis Miguel hatte seine Stellung zu behaupten. Er nahm für sich in Anspruch, der Stierkämpfer Nummer eins zu sein, und er war reich. Das war zwar in der Arena eine Belastung, aber er kämpfte wirklich gern gegen Stiere, und wenn er einmal in der Arena war, vergaß er seinen Reichtum. Aber er wollte den Vorteil auf seiner Seite haben, und der Vorteil bestand in der Manipulation der Hörner. Er wollte auch, daß man ihm mehr Geld pro Kampf bezahlte als Antonio, und genau da begann es lebensgefährlich zu werden. Denn Antonio war stolz wie der Teufel. Er war davon überzeugt, er sei als Stierkämpfer größer als Luis Miguel, und das schon seit langem. Er wußte, daß er Großes leisten konnte, egal wie die Hörner beschaffen waren. Luis Miguel bekam mehr Geld als Antonio, und ich wußte, falls das so blieb, wenn sie zusammen kämpften, würde Antonio sein Ziel so lange mit Zähigkeit und Hartnäckigkeit verfolgen, bis keiner mehr, und besonders nicht Luis Miguel, den geringsten Zweifel hatte, wer von ihnen der größere Stierkämpfer sei. Das würde Antonio tun, oder er würde sterben, und zum Sterben war er nicht in Stimmung.

Der Ausflug nach Ronda, die Fahrt auf und über die Berge, war schön, lehrreich und sehr lustig. Antonio sollte in dieser berühmten Stadt, in der er geboren war, von seinem Fanclub eine goldverzierte Parade-*capa* überreicht bekommen, und er sagte, er wolle mir einiges zeigen und einiges erzählen. Ich fragte ihn, wie er bei der Übergabe der *capa* angezogen sein müsse.

„Wir gehen einfach als Toreros", sagte er, und das bedeutete in diesen Tagen ein Polohemd ohne Krawatte. Nach der Übergabe und nachdem Antonio die übliche Dankesrede gehalten hatte, wandte er sich zu mir und sagte: „Und jetzt holst du dir deine ab."

„Meine was ...?" fragte ich.

„Deine Goldmünze vom Bürgermeister, im Rathaus."

„In diesem Aufzug?"

Ich hatte ein graues Jersey-Polohemd an, das zwar zum Glück gewaschen war, sich aber oben nicht zuknöpfen ließ.

„Das Hemd ist sauber", sagte er. „Wir sind doch Toreros, oder?"

Begleitet von allen seinen örtlichen Anhängern in ihren besten Kleidern, marschierten wir durch die Straßen. Es handelte sich um eine Gedenkmünze zum hundertsten Geburtstag von Pedro Romero, die bisher von der Stadt Ronda erst fünf anderen Leuten verliehen worden war. Antonio ergötzte sich an der förmlichen Bekleidung des Bürgermeisters und der Honoratioren und unserem *chulo*-Aufzug. *Chulo* kann zwei Bedeutungen haben: sevillanische Unterwelt oder abenteuerliche Gestalten; und die eine davon ist ziemlich grob.

Der Tag war schön, aber anstrengend; wir verbrachten ihn mit Antonios treuen guten Freunden und wurden von ihnen in dieser seltsamen, reizvollen Stadt bewirtet. Wir verließen diese Wiege des Stierkampfs und Hochburg des Wuchers und fuhren bergan und dann in einem großen Kreis und schließlich über die enge Bergstraße bergab, entlang an einem schönen klaren Bergbach, bis ans Meer unterhalb von Marbella, von wo uns die Küstenstraße nach Málaga brachte. Dort holten wir in dem Postamt unter den staubigen Bäumen die Post aus dem Schließfach, sahen sie durch und fuhren aus der Stadt, hinauf in die Berge zu der langen baumbestandenen Auffahrt, wo einige der Bäume von Felsbrocken zerschmettert worden waren, als ein Wolkenbruch im Winter zuvor sie ins Rutschen brachte, durch das große Eisentor auf den Kiesweg, mit Gebell von den großen und kleinen Hunden begrüßt, und traten durch die schwere Tür in die kühle marmorne Wärme von La Consula ein.

In fünf Tagen sollten Antonio und Luis Miguel zum erstenmal, seit Luis Miguel im Januar vor sieben Jahren in Bogotá in Kolumbien verwundet worden war und sich zurückgezogen hatte, zusammen in derselben Arena auftreten.

7

Der Eröffnungskampf dieses Wettstreits fand in Zaragoza statt. Jeder, der sich etwas aus Stierkampf machte und sich die Fahrt leisten konnte, war da. Auch alle Madrider Kritiker waren da, und gegen Mittag war das „Grand Hotel" gerammelt voll mit Stierzüchtern, Veranstaltern, Aristokraten, Leuten mit Titeln, ehemaligen Pferdelieferanten und der vollzähligen kleinen Truppe von Antonios Anhängern. Außerdem waren viele Anhänger von Luis Miguel da, Politiker, Funktionäre und Militärs. Bill und ich hatten in einer Taverne, die er in der Stadt kannte, zu Mittag gegessen, und als wir in Antonios Zimmer raufkamen, fanden wir ihn fröhlich, aber ein bißchen distanziert. Wenn Leute ihm auf die Nerven gingen, erkannte ich das immer daran, wie er seinen

Kopf bewegte: als ob er einen leicht steifen Nacken hätte, und sein andalusischer Akzent klang dann auch immer ein wenig stärker durch. Er sagte, er habe gut geschlafen. Und nach dem Kampf würden wir alle nach Teruel fahren und dort essen. Ich sagte, Bill und ich führen direkt von der Arena aus los, denn Antonio mit dem Mercedes sei ohnehin schneller als wir. All das erinnerte mich zu sehr an das Gespräch vor dem Kampf in Aranjuez, aber er wollte es nicht anders. Als wir gingen, grinste er ungekünstelt und blinzelte mir einmal zu, als ob wir ein Geheimnis miteinander hätten. Er war nicht nervös; aber er war ein bißchen angespannt.

Ich ging kurz bei Luis Miguel vorbei, um ihm gute Stiere zu wünschen. Auch er war etwas angespannt.

Es war ein heißer Tag, die Junisonne brannte unerbittlich. Luis Miguels erster Stier machte einen guten Eindruck; er griff die *picadores* energisch und entschlossen an. Luis Miguel nahm ihn mit der ersten *quite* und zeigte die gleiche gute Form, Arroganz und Herrschaft mit der *capa* wie beim letztenmal, als wir ihn gesehen hatten. Als der Stier das nächste Mal einen *picador* angriff, übernahm Antonio ihn mit der *capa.* Er führte ihn in die Arena und ließ ihn ganz langsam, ganz dicht passieren und hielt sich kerzengerade dabei und führte jedes Manöver gestochen scharf aus, verlangsamte es und zog es in die Länge, bis man meinte, eine solche Arbeit mit der *capa* sei überhaupt nicht möglich. Für das Publikum und auch für Luis Miguel war nun die Verschiedenheit ihrer *capa*-Arbeit erwiesen.

Luis Miguel plazierte zwei gute Paare *banderillas* und zum Schluß noch ein meisterhaftes Paar, indem er den Stier aufforderte und dann bis zum letzten Sekundenbruchteil wartete, bevor er zur Seite schwenkte, die Stäbe hineinstieß und abdrehte. Er war ein wunderbarer *banderillero.*

Mit der *muleta* brachte er den Stier schnell unter Kontrolle, er arbeitete intelligent und mit guten langen Manövern mit ihm. Aber das Ganze hatte keinen Zauber. Antonios *quite* mit seinem Stier, der kein sehr einfaches Tier war, hatte ihm etwas genommen. Zum Töten ging er zweimal glücklos hinein, ohne große Entschlußkraft. Dann ging er besser hinein, und der Degen stak zur Hälfte fest in der tödlichen Stelle, hoch oben, und Luis Miguel brachte geschickt den Kopf des Stiers nach unten, wo er an der im Sand ausgebreiteten *muleta* herumschnüffelte, und stieß die Spitze des *descabello*-Degens hinein, dann war es vorüber. Die Menge jubelte, und er lief eine Ehrenrunde, mit schmalen Lippen und kaum lächelnd. Diese Miene sollten wir im Laufe des Sommers noch sehr gut kennenlernen.

Antonios erster Stier sah gut aus. Antonio übernahm ihn und schob sich mit jedem Manöver dichter und dichter an ihn heran, stellte sich auf ihn ein und bewegte die *capa* in dem für ihn typischen atemberaubenden Rhythmus.

Er achtete darauf, daß der Stier von den *picadores* nicht verletzt wurde, und als die *banderillas* saßen, nahm er den Kampf da wieder auf, wo er ihn vor einem Monat in Aranjuez so perfekt beendet hatte. Er war unversehrt wiedergekommen. Die Hornverletzung hatte ihn in keiner Weise geschwächt. Sie war ihm bloß eine Lehre gewesen, und er begann die *faena* mit der ganzen Reinheit seines Stils, machte den Stier zu seinem Partner und half ihm liebevoll, ihm mit dem Horn so tödlich nahe zu kommen, wie es ging, und doch immer kontrolliert. Als der Stier schließlich alles gegeben hatte, was er konnte, tötete Antonio ihn mit einem einzigen Vorstoß über die Hörner. Für mich sah es eine Spur zu niedrig aus, aber das Publikum und der Präsident waren damit einverstanden. Er schnitt das Ohr ab.

Bill und ich wurden ruhiger. Er war unverändert zurückgekommen, so, als ob er nie weg gewesen sei. Das war das entscheidende. Die Schmerzen und der Schock hatten ihm innerlich nicht geschadet. Um die Augen sah er ein wenig müde aus. Das war alles.

Luis Miguels zweiter Stier war schwach in den Beinen. Er bemühte sich, etwas aus ihm zu machen. Nach einem guten Anfang verlor der Stier einen Huf. Miguel bat um Erlaubnis, auf eigene Kosten einen Ersatzstier stellen und nach Antonios Stier gegen ihn kämpfen zu dürfen. Dann machte er dem traurigen Tier mit dem kaputten Huf ein Ende, und Antonios letzter Stier kam heraus.

Er war nicht richtig mutig, kam nur langsam in Gang und war für eine spektakuläre *faena* nicht geeignet. Er mußte unter Kontrolle gebracht, mit der *muleta* bezwungen und schnell getötet werden, aber statt dessen begann Antonio mit ihm zu arbeiten, um einen Stier aus ihm zu machen. Er ließ ihn herrlich mit der *capa* passieren, kam seinen Fehlern zuvor und korrigierte sie mit seinem Mut und seinem Wissen. Es war schön anzusehen, aber ziemlich gespenstisch. Die *banderilleros* waren nervös, und ich beobachtete Miguelillos weißes, verzerrtes Gesicht.

Antonio glaubte, ihn mit der *muleta* beruhigt zu haben, aber als er ihn aus einiger Entfernung aufforderte, bremste der Stier in der Mitte des Manövers mit den Füßen ab und griff den Körper hinter der *muleta* an. Antonio hielt ihn in der *muleta* und machte sich von ihm los. Der Stier versuchte es noch einmal. Er war nicht für die Art von Arbeit geeignet, die Antonio im Sinn gehabt hatte. Das war ihm jetzt klar, und er wußte, daß er bei diesem Stier zuviel Selbstvertrauen gezeigt hatte. Also machte er die zur Vorbereitung des Tötens notwendigen Manöver mit ihm, brachte ihn in Stellung, ging über dem Horn hinein und stieß den Degen bis zum Knauf ein wenig zu tief in den vorderen Rand der vorschriftsmäßigen Einstichstelle.

Luis Miguel nahm den Ersatzstier, einen großen, leicht übergewichtigen Stier von Samuel Flores, der gute Hörner hatte und ohne Böswilligkeit war, und arbeitete mit ihm auf seine Art. Er plazierte vier Paare *banderillas*; nicht die sehr teure Sorte, die er bei seinem ersten Stier benutzt hatte, aber nicht schlechte von Macy's. Seine *muleta*-Arbeit war intelligent, sicher und ruhig. Danach machte er sämtliche Tricks, von denen er wußte, daß das Publikum sie liebte, und er führte sie perfekt vor. Beim ersten Hineingehen mit dem Degen zögerte er ein wenig. Beim zweiten Vorstoß zielte er auf die höchste Stelle des Einstichlochs und brachte die Klinge wiederum zur Hälfte hinein, fest und perfekt plaziert in der Gegend der Aorta. Er beobachtete, wie der Stier seinen Herzinfarkt erlitt, und blies ihm dann mit dem *descabello* das Licht aus. Er erhielt beide Ohren und den Schwanz.

Bill sagte: „Es wird Luis Miguel in dieser Saison einen Haufen Geld kosten, wenn er jedesmal für vierzigtausend Pesetas das letzte Wort über Antonio behalten will."

Es stimmte, daß Luis Miguel ihn geschlagen hatte, jedenfalls auf dem Papier; aber die Ziehung der Stiere ist Glücksache, wenigstens glaubt man das, und bei den beiden Stieren hatte Antonio vorn gelegen. Der zusätzliche Stier ließ den Kampf zu Luis Miguels Gunsten ausgehen.

„Das war heute sehr lehrreich", sagte ich. „Luis Miguel ist sehr intelligent, und diese eine *quite* Antonios bei seinem Stier hat ihn gewurmt. Das wird er nicht vergessen. Du wirst es sehen. Es war genau dasselbe, was Antonio mit dem armen Aparicio in Madrid angestellt hat."

„Du mußt bedenken, daß er immer erst nach Luis Miguel kämpfen wird", sagte Bill. „Das ist auch ein ungeheurer Vorteil."

„Wir müssen die Ersatzstiere im Auge behalten", sagte ich. „Davon werden wir wohl noch eine Menge zu sehen bekommen."

„Ich glaube nicht, daß es sehr lange dauern wird", sagte Bill.

„Ich auch nicht", stimmte ich zu.

Ich war erschöpft vom Kampf und dem, was wir gesehen und gefühlt hatten. Ich war noch nie gern nach einem Kampf losgefahren, aber am nächsten Tag fand um fünf Uhr in Alicante am Mittelmeer wieder ein Kampf statt, und am Tag darauf um sechs Uhr in Barcelona und wieder einen Tag später um fünf Uhr in Burgos. Man muß sich die Entfernungen einmal auf einer Höhenlinienkarte ansehen und den Zustand der Straßen kennen, um zu wissen, was das bedeutet. An diesem Tag waren wir von Madrid nach Zaragoza gefahren und davor von Málaga nach Madrid.

Ein großer Teil der Straße nach Teruel war seit dem Bürgerkrieg nicht mehr ordentlich wiederhergestellt worden. Sie war schmal, voller Schlaglöcher und nachts bei jeder Geschwindigkeit gefährlich zu befahren, aber einen anderen Weg zum Mittelmeer gab es für uns nicht. Wir fuhren so schnell, wie es unsere Sicherheit erlaubte, oder ein bißchen schneller, durch die Dunkelheit und trafen uns alle im Touristenhotel am Nordrand von Teruel. Es war spät, aber sie machten uns noch ein gutes Essen: Hors d'œuvres, Steaks, Gemüse und Salat.

„Wie fühlst du dich?" fragte ich Antonio.

„Sehr gut. Das Bein hat mir keine Probleme gemacht. Nur gegen Ende habe ich mich ein bißchen müde gefühlt. Und was ist mit dir?"

„Nach so einem Kampf bin ich immer müde."

„Ich brauche ein Weilchen, um mich abzukühlen", sagte er. „Ich habe ein Schinkensandwich gegessen und ein Glas Bier getrunken. Aber manchmal macht mein

Magen da nicht mit. Das Essen hier ist das richtige für diese Tageszeit."

„Kannst du jetzt schlafen?"

„Sicher. Ich klappe den Sitz zurück und schlafe bis Alicante. Ich fahre lieber nachts und schlafe dafür am Tag. Wenn man nachts schläft, kann man erschreckt aufwachen. Tagsüber wacht man glücklich auf."

Er lachte, und wir fingen an, mit den anderen herumzualbern. Bei den nächtlichen Essen danach sprachen wir grundsätzlich nie über den Kampf. Wir machten Witze, manchmal ziemlich grobe, und Charri, ein rundlicher, stark trinkender Baske, der Antonio ergeben war und ihm zu allen seinen Kämpfen folgte, hatte die alte shakespearesche Rolle des Narren zu spielen. Er erzählte sehr lustige Geschichten, diente aber auch als Zielscheibe für Witze. Es gab eine Menge Dinge und Leute, über die man herziehen konnte, denn die Leute, die einen Kult aus dem Stierkampf machen, sind nur begrenzt zurechnungsfähig; und diejenigen, die Matadore anbeten, sind noch anfälliger.

Irgendwann nach Mitternacht machten sich die drei Wagen auf den nächtlichen Weg nach Alicante; Bill und ich ließen uns im Morgengrauen wecken und fuhren dann erst los; kalter dünner Nebel lag über der Stadt und am Flußufer, bis die Sonne aufging und ihn allmählich auflöste. Wir kamen durch die einstigen Kampfgebiete, aber ich versuchte nicht, Bill die Operationen oder die Belagerung zu erklären, sondern wies ihn nur auf verschiedene Besonderheiten des Geländes hin. Wenn er die kannte, konnte er das Gefecht aus jedem verläßlichen Bericht selbst rekonstruieren. Die Entfernungen waren alle kürzer, wie üblich, und auch die tödliche Kälte und der Schnee fehlten. Aber ich sah viele Stellen, die mich durch ihre völlige Kahlheit noch heute in Schrecken versetzten.

Es war nicht der Anblick des Geländes, der den Kampf zurückbrachte. Der war nie weg gewesen. Aber es half ein wenig, wie immer, einige Dinge, die auf Erden geschehen, klar zu sehen, um zu erkennen, wie wenig Bedeutung es für diese trockenen Hügel hatte, die einem einmal alles bedeutet haben. Als ich an diesem Morgen über die Straße nach Segorbe fuhr, dachte ich, wieviel mehr Gewalt eine Planierraupe einem Berg antut als der Tod einer Brigade und daß eine Brigade, die zur Verteidigung einer Anhöhe zurückgelassen und damit ihrer möglichen Vernichtung preisgegeben wurde, den Boden für kurze Zeit anreichert und dem Berg ein paar wertvolle Mineralsalze und eine gewisse Menge Metall hinzufügt, aber das Metall ist nicht in abbaufähigen Mengen vorhanden, und jeder eingebrachte Dünger wird mit dem Frühjahrs- und Herbstregen und dem Schmelzwasser des Schnees im Winter aus dem unfruchtbaren Boden wieder herausgewaschen.

Es gab noch andere Gegenden, die ich gern sehen wollte, da wir sie ohnehin durchfahren würden; Gegenden, unter denen man leidet, wenn man unter Beschuß steht, und die ich mit Sicherheit unkorrekt in Erinnerung hatte, aber früher oder später würden wir sie sehen, und dann konnte ich meine Erinnerungen korrigieren. Bestimmte Orte wollte ich Bill zeigen, weil sie so unglaublich waren; wollte sie ihm als Museumsstücke für Unmögliches im Krieg zeigen. Auf dem Weg zum Paß auf der Hauptstraße nach Avila hatte ich ihm die Straßenstellungen oberhalb des Dorfes Guadarrama gezeigt, und es war so offensichtlich absurd, sie zu verteidigen, daß ich ihm keinen Vorwurf machte, daß er mir nicht glaubte. Jetzt konnte ich es selbst nicht mehr glauben, obwohl die Erinnerung daran schärfer war als jedes Foto.

Ich war froh, als wir in Segorbe ankamen, einer sehr alten, schönen und unbeschädigten Stadt, durch die ich schon oft gefahren war, ohne je Zeit zum Verweilen gehabt zu haben. Bill und Annie hatten dort einmal gewohnt, und er kannte die Stadt in- und auswendig. Wir frühstückten ordentlich, Kaffee, Käse und Obst, und kauften ein paar schöne Spazierstöcke, wie sie die Leute hier in den Bergen benutzen; sie sind aus einem Holz, das ich bis dahin nur in Afrika gesehen hatte. Wir kauften auch ein paar sehr gute Kirschen, die wir in der Kühltasche für Wein verstauten.

Wir kamen nun aus den Bergen und Hügeln heraus und fuhren an der steilen, wild chaotischen, von hohen Mauern umgebenen alten grauen iberischen Stadt Sagunto mit ihren römisch-maurischen, von diversen Eroberern bunt durcheinander errichteten Gebäuden vorbei und an der reizenden mittelalterlichen Altstadt. Von weitem sieht es immer so aus, als sei Sagunto kurz davor abzurutschen, wie Schieferplatten von einem beschädigten Dach; und der obere Teil scheint, wenn man sich darin befindet, nur von Kakteen zusammengehalten zu werden. Ich wäre gern geblieben und noch einmal darin herumspaziert und zur Burg raufgeklettert, aber wir mußten zum Stierkampf in Alicante und fuhren deshalb durch den lebhaften Sonntagsverkehr – Autos, Fahrräder und Motorroller – nach Valencia weiter. Die fruchtbare Küstenebene erstreckte sich vom Meer bis zu den Gebirgsausläufern. Im Vorbeifahren sahen wir die dunklen Stämme und das unterschiedliche Grün der Orangen- und Zitronenbäume und das silbrige Grün der Olivenhaine und die weißen, von Palmen und Zypressenreihen umstandenen Häuser. Das Land war so fruchtbar und so stark parzelliert, daß es eher so aussah, als seien es lauter Gärten und keine Äcker. Die Straße war mit Sonntagsfahrern vollgestopft, und die Zahl der Motorrollerunfälle pendelte sich schließlich bei alle fünf bis sechs Meilen einem ein.

Wir umfuhren Valencia und nahmen die Küstenstraße, draußen an der Lagune vorbei, mit dem wilden Strand und dem Pinienwald zu unserer Linken. Es war windig, und das Meer brach sich ungestüm am Strandufer. Auf der Lagune segelten schräg aufgetakelte Boote, und die grünen Reisfelder schwankten im Wind. Weit hinten, jenseits der Lagune, sah man das Weiß der Dörfer und die braunen zerklüfteten Berge. Am Ufer und in den Gräben waren Fischer, und auf vielen Motorrollern wurden Angeln und sonstiges Gerät transportiert. Die Unfallrate blieb konstant. Als wir uns auf der Küstenstraße nach Alicante von Valencia entfernten, sank sie etwas, erreichte aber, als wir uns jener Stadt näherten, bald wieder die alte Höhe.

Die Fahrt über die Küstenstraße war dramatischer und die Küste selbst wilder als die südlich von Málaga, aber der starke Sonntagsverkehr versperrte uns den Blick auf die blaue See, die sich schäumend unten an den Felsen brach, und es war gut, in die freundliche, blühende Stadt Alicante zu kommen. Es gab dort ein ausgezeichnetes neues Hotel, das „Carlton", und wir bekamen ein angenehm kühles Zimmer mit großem Balkon, obwohl in dieser Woche in der Stadt ein Volksfest stattfinden sollte und wir erklärt hatten, daß wir unmittelbar nach dem Stierkampf wieder abreisen müßten.

Antonio war guter Dinge und sah ausgeruht und zuversichtlich aus. Er hatte auf der ganzen Fahrt bis zum Hotel geschlafen, war dann ins Bett gegangen und hatte noch mal bis Mittag geschlafen. Jetzt hatte er eine Menge Geschäftliches zu erledigen. Der Veranstalter für die Arena von Valencia besprach gerade mit ihm, was für Stiere er haben wolle, und wir entschuldigten uns und gingen. Wir warteten auf Ed Hotchner, der von New York nach Madrid geflogen war, aber den Kampf in

Zaragoza verpaßt hatte und jetzt entweder mit dem Flugzeug oder dem Auto hier eintreffen würde.

Bill und ich aßen mit Domingo und dem Veranstalter aus Valencia, mit dem ich befreundet war, und den beiden Veranstaltern der Arena von Alicante zu Mittag. Sie stellten gerade das Programm für das Volksfest in Valencia zusammen. Den Schwerpunkt sollten Antonio und Luis Miguel bilden, und es sollte einen Kampf *mano a mano* zwischen Antonio und Luis Miguel geben. „Das dürfte eine herrliche *feria* werden", sagte Bill.

In diesem Augenblick tauchte Hotch auf, sommersprossig und unbeugsam, und wir bestellten ihm was zu essen. Er hatte eine unangenehme Fahrt im Taxi hinter sich, und überhaupt war alles ziemlich chaotisch gewesen, aber das schob er sehr schnell beiseite, als wir ihm erzählten, daß wir drei den Kampf vom *callejón* aus sehen würden.

„Was soll ich machen, wenn der Stier in den *callejón* springt, Papa?" fragte er.

„Dann springst du eben in die Arena."

„Und was mach ich, wenn er in die Arena zurückkommt?"

„Dann springst du zurück in den *callejón*."

„Das ist einfach", sagte Hotch. „Überhaupt kein Problem."

Vier der fünf Stiere von Juan Pedro Domecq an diesem Nachmittag waren ausgezeichnet. Antonio war zuversichtlich und zufrieden mit seinen beiden und eröffnete seine Akademie des Stierkampfs mit seiner ersten *veronica* und schloß sie mit seinem letzten Degenstoß. Dem ersten Stier schnitt er beide Ohren und den Schwanz ab, dem vierten ein Ohr. Jede seiner Bewegungen war perfekt und klassisch. Aber nicht kalt. Er kümmerte sich wieder liebevoll um die Stiere, lenkte und leitete sie anmutig und elegant und tötete sie sauber und perfekt. Es war schön, ihn aus dem *callejón* so von nahem zu sehen und alles zu hören, was er zu den Stieren und zu seinen Leuten sagte, während er diesen perfekten Kampf vorführte.

Nach dem Kampf wollten wir uns bei „Pepica's" treffen, dem großen Freiluftrestaurant am Gran de Valencia, gleich nördlich vom Hafen am Strand. Die Fahrt nach Barcelona würde die ganze Nacht dauern, und ein Abschnitt der Straße, schon in Katalonien, sollte ganz schlimm sein. Die Leute im Hotel wollten uns für das Zimmer nicht bezahlen lassen. Ich traf ein paar Freunde von alten Freunden und zwei leibhaftige alte Freunde, als wir gerade mit dem Auto losfahren wollten. Sie hatten uns in der Arena gesehen und waren gekommen, um good-bye zu sagen. Ich sagte ihnen, wir würden am dreiundzwanzigsten des nächsten Monats auf dem Weg zur *feria* von Valencia wieder nach Alicante kommen.

„Und was hat dich wieder zu den Stieren gebracht, Ernesto?" fragte mich einer der alten Freunde.

„Antonio", sagte ich.

„Das war's wert", sagte er. „Aber andererseits ist es eine miese Schweinerei."

„Ich verschaff mir gerade einen Überblick", sagte ich. „Wenn ich fertig bin, weiß ich Bescheid."

„Na, viel Glück", sagte er. „Vielleicht sehen wir uns in Valencia. Wie viele Kämpfe macht Antonio dort?"

„Fünf wahrscheinlich."

„Dann bis dann", sagte er.

Wir fuhren durch Dämmerung und Dunkelheit über die bevölkerte Straße, auf der die Sonntagsausflügler nach Hause zurückkehrten. Es waren weniger Motorroller jetzt und fast keine Unfälle mehr, und ich behauptete, die Unfähigeren seien bereits früher am Tag eliminiert worden. Sie sind ohnehin keine sonderlich nächtlichen Vehikel und gehen früh schlafen.

Bill wollte die ganze Strecke fahren, ohne Ablösung. Er genoß den Verkehr, all die Fahrräder und unbeleuchteten Fahrzeuge machten ihn glücklich. Bequeme Strekken fuhr er nicht gern; er hatte ein ziemlich albernes, wirres Buch über Stierkämpfer und die entsetzliche Mühsal gelesen, die sie auf ihren Reisen von einem Kampf zum anderen durchmachten. Wir kannten alle den Verfasser und machten uns nicht viel aus ihm; aber wir hatten alle – fälschlicherweise – angenommen, daß er diese barbarischen Distanzen selbst gefahren sei. Bill meinte zu Recht, wenn dieser unglaubwürdige Mensch Nacht für Nacht solche Strecken fahren konnte und dann auch noch lebendig genug war, um Bücher darüber zu schreiben, dann müßte es für ihn, Bill, einen gnadenlosen Fahrer, ein leichtes sein, ihn zu übertreffen. Hotch, der genüßlich einen sportlichen Wettkampf witterte, hielt es für eine wunderbare Idee, wenn Bill führe, bis er tot umfalle. Wir könnten ein Buch daraus machen.

„Bist du denn nicht müde, Bill?“ fragte ich. „Wir sind jetzt seit sechs Uhr heute morgen auf den Beinen, erst auf der Straße, dann im *callejón*.“

„Mittags beim Essen haben wir gesessen“, sagte Bill.

„Er mogelt“, sagte Hotch. „Das nächste Mal lassen wir ihn im Stehen essen.“

„Sollen wir nicht mal anhalten und einen Kaffee trinken?“ fragte ich.

„Das fände ich unsportlich“, sagte Hotch. „Wenn Bill ein Pferd ist, können wir ihn doch nicht dopen.“

„Meinst du, sie machen bei ‚Pepica’s‘ einen Speicheltest mit ihm?“

„Keine Ahnung, was die für eine technische Ausrüstung haben“, sagte Hotch. „Ich habe noch nie bei ‚Pepica’s‘ gegessen. Aber ich denke doch, in einer Stadt wie Valencia kann man irgendwo Speicheltests durchführen.“

„Das gibt's nur am Hafen von Valencia", sagte Bill finster.

„Kopf hoch, Bill", sagte Hotch. „In Barcelona werden wir einen anständigen Test durchführen."

Das Dinner bei „Pepica's" war wunderbar. Es war ein großes sauberes Freiluftrestaurant, und alles wurde in Sichtweite zubereitet. Man konnte sich aussuchen, was man gegrillt oder gebraten haben wollte, und die Meeresfrüchte und die valencianischen Reisgerichte waren die besten am ganzen Strand. Alles war nach dem Kampf gut gelaunt, und wir waren hungrig und aßen mit gutem Appetit. Das Lokal war ein Familienbetrieb, jeder kannte hier jeden. Man hörte, wie sich das Meer am Strand brach, und die Lichter glänzten auf dem nassen Sand. Wir tranken Sangria, Rotwein mit frischem Orangen- und Zitronensaft, der in großen Krügen serviert wurde, und aßen als Vorspeise Würste, die hier gemacht wurden, frischen Thunfisch, frische Garnelen und knusprig gebratene Tintenfischtentakel, die wie Hummer schmeckten. Ein paar aßen dann Steaks, andere geröstete oder gegrillte Hühner mit safrangelbem Reis mit Piment und Venusmuscheln darin. Das war für valencianische Verhältnisse ein sehr bescheidenes Mahl, und die Besitzerin des Lokals hatte Angst, daß wir noch hungrig waren, als wir gingen. Niemand sprach vom Stierkampf. Es waren noch 382 Kilometer bis Barcelona, und als wir das Restaurant verließen, sagte ich Antonio, wir würden vermutlich irgendwo an der Straße haltmachen und schlafen und ihn später im Hotel aufsuchen.

Im Auto war Bill hellwach und behauptete, er könne die ganze Nacht durchhalten. Er sagte, das Essen habe ihn nicht müde, sondern wach gemacht. Ich schlug vor, daß wir in Benicarló, etwa einhundertdreißig Kilometer die Küste rauf, Pause machen sollten. Bill sagte, wenn er sich müde fühlen sollte, würde er sich von der Straße verziehen, und er würde auch in Benicarló haltmachen, wenn wir wollten, aber es sei überhaupt nicht nötig. Ich schlief sofort ein, und als ich wieder aufwachte, hatten wir Benicarló schon hinter uns und fuhren auf Vinaroz zu. Bis zum Sonnenaufgang war es noch etwa eine halbe Stunde, also kehrten wir in einer durchgehend geöffneten Fernfahrerkneipe ein und aßen Sandwiches mit dikken Käsescheiben, und ich schnitt mir eine rohe Zwiebel dazu. Wir tranken Kaffee und probierten mit ein paar von den Nachtschwärmern, die noch von der *fiesta* in Vinaroz am Sonntag betrunken waren, den örtlichen Wein. Das Ohr, das sich irgendein *novillero* abgeschnitten hatte, und die Hörner des Stiers waren hinter der Theke aufgestellt. Es waren ziemlich große Hörner, und sie waren nicht gekürzt. Die kühle Meeresluft hatte mich sehr hungrig gemacht, und ich wollte den nächsten Teil des Landes sehen, den ich zum letztenmal gesehen hatte, als die Armee der Nationalisten den Durchbruch zum Meer geschafft hatte und uns beinahe eingeschlossen hätte. Wir warteten auf Tageslicht und fuhren kurz vor Sonnenaufgang bei Amposta über den Ebro.

Der Tag begann scheußlich, mit Wind und Nebel vom Meer her. Die Straße war sehr schlecht, und das Land sah traurig aus in dem grauen Licht. Auch der Ebro, der uns einmal ebensoviel bedeutet hatte wie die Marne oder die Aisne, sah nicht gerade legendär aus. Er war allerdings braun wie immer und hatte eine starke Strömung.

Der Tag fing traurig für mich an, aber ich versuchte das abzuschütteln, und wir kamen rechtzeitig in dem großen freundlichen Hotel in Barcelona an, um noch ordentlich schlafen zu können, wenn wir Stierkämpfer gewesen wären und tagsüber hätten schlafen können.

8

Draußen vor dem Fenster peitschte ein mittelschwerer Sturm die Zweige der Platanen, und ab und zu regnete es. Es sah so aus, als müsse der Stierkampf verschoben werden. Aber der Vorverkauf war enorm gewesen, und ich wußte, man würde ihn fortsetzen, wenn der Sand nicht um die für die *corrida* angesetzte Zeit zu naß zum Kämpfen wäre. Bill versuchte gar nicht erst zu schlafen, sondern zog los, um die Karten abzuholen. Ich versuchte ein Nickerchen zu machen, konnte aber nicht einschlafen. Für mich war das nicht so schlimm, da ich nach Mitternacht gut im Auto geschlafen hatte. Aber ich machte mir Sorgen um Bill, da er die ganze Fahrerei allein machen wollte. Ich ging zu Miguelillo, dem Degenbewahrer, und er sagte, Antonio schlafe fest.

Als ich Antonio dann sah, schimpfte er auf das Wetter, wollte aber unbedingt, daß der Kampf stattfinde. Er wollte seine zweite Chance gegen Luis Miguel nicht verpassen. Er sagte, sein Bein habe ihm in Alicante keinerlei Beschwerden verursacht.

„War doch schön bei ‚Pepica's', und das Essen war auch prima", sagte er. „Stimmt's, Bill?"

„Stimmt", sagte Bill.

„Wie hält sich Bill?"

„Mein Bill ist ein Pferd", sagte ich.

Es war ein starker Kampf an einem wilden Tag, und beide, Luis Miguel und Antonio, waren wunderbar. Senior-Matador war Antonio Bienvenida, und er raffte sich dazu auf, ein bißchen gute *capa*-Arbeit zu leisten und sein freudloses Lächeln zu lächeln, das immer so wirkte, als seien es zwei Bewegungen: Zähne zusammenbeißen und Lippen zurückziehen, um die Zahnreihen zu entblößen. Seine Stiere, alle von Sepúlveda de Yelte, waren schwierig, und es gelang ihm nur, ihre Schwäche noch offenkundiger zu machen.

Luis Miguel hatte die zwei besten Stiere von allen gezogen, und er war bei beiden großartig. Er wußte, daß seine *veronicas* sich nicht mit denen Antonios messen konnten, aber er bemühte sich und war so gut, wie ich ihn noch nie gesehen hatte. Vollkommen war er, als er die *capa* hinter seinen Rücken hielt und die anmutigen mexikanischen Manöver Gaonas ausführte. Bei jedem Stier plazierte er in bestem Stil drei Paar *banderillas*, und seine Arbeit mit der *muleta* war kunstvoll, edel und schön und dicht genug, um einem trotz seiner wunderbaren Sicherheit das Gefühl der immer präsenten Tragödie zu geben. Den einen Stier tötete er ziemlich gut, seinen zweiten Stier perfekt; er erhielt beide Ohren und den Schwanz zugesprochen. Die Menge war begeistert von ihm, und er verdiente die Ovationen auch.

Antonio hatte die Menge bereits mit seiner schönen *capa*-Arbeit bei einer *quite* mit Bienvenidas erstem Stier gewonnen, einem Stier, der nur dann passierte, wenn man ihn dazu zwang. Er brachte es fertig, daß es so aussah, als ob der Stier makellos wäre.

Bei seinem ersten eigenen Stier, dem dritten Kampf, fing es plötzlich heftig an zu regnen. Der Stier war am Anfang gut, und Antonio stellte seine Bewegungsabläufe exakt auf ihn ein; er bewegte sich stets auf den Stier zu und schwang die schwere regennasse *capa* mit zierlicher, berechneter Langsamkeit, dem Tempo des Stiers immer ein wenig voraus, indes die Arena naß wurde und die Beweglichkeit hemmte. Es war kein wirklich tapferer Stier, und sein Mut und sein Angriffswille ließen unter dem Regenguß nach. Antonio baute ihn mit der *muleta* auf und ergriff Besitz von ihm. Aber der Stier war nur für einige wenige schöne rechtshändige Manöver gut, und als Antonio sah, daß der Wolkenbruch ihm den

Stier versaut hatte, brachte er ihn schnell in Stellung und tötete ihn.

Beim vierten Stier hatte der Regen aufgehört. Jetzt beim letzten Stier, war die Menge noch immer in einem Zustand großer Begeisterung nach Luis Miguels Triumph. Es war ein Rauschen von erregten Stimmen, das erst dann erstirbt, wenn das Tor aufschwingt und der nächste Stier hereinkommt.

Ich beobachtete den Stier. Dann beobachtete ich Antonio, wie er den Stier beobachtete und nachdachte. Sein Bruder Juan nahm ihn mit dem nachschleifenden Ende der *capa* auf, und der Stier folgte ihm. Er gefiel mir nicht. Ich wußte es, konnte aber nicht auf Anhieb sagen, warum. Antonio kannte ihn schon, nachdem er ihn drei Bewegungen hatte machen sehen, und wußte, womit er es zu tun hatte. Aber er ging in die Arena und übernahm den Stier, und indem er sich auf ihn zubewegte, provozierte er den Angriff, und dann, dem Stier jedesmal ein wenig Boden abgewinnend, regulierte er seine Geschwindigkeit mit der *capa*, wartete ab, bis der Stier seine Vorsicht aufgab, und brachte ihn in einen gemessenen Rhythmus, während er die Hörner mit jedem Manöver dichter und dichter an sich vorbeikommen ließ, bis er ihn dort hatte, wo er ihn haben wollte; er ließ den Stier sich um sich selbst drehen und ging weg.

Als der Stier die *picadores* angriff, waren seine Schwächen für jeden sichtbar. Miguel hatte zwei gute Stiere gezogen und meisterhaft gearbeitet. Antonio hatte tags zuvor zwei noch bessere Stiere gezogen und wunderbar gearbeitet. Mit guten Tieren konnten beide jederzeit Großartiges leisten. Sie waren eine Klasse für sich, wo das nichts zu sagen hatte. Aber jetzt hatte Antonio einen Stier, der sichtlich zögerte anzugreifen und der in einem Terrain bearbeitet werden mußte, in dem es höchst gefährlich war, ihn überhaupt zum Angreifen zu bringen und durch die Bewegung des Tuches dann so perfekt zu beherrschen, daß er sich nicht davon löste und versuchte, den Mann aufzuspießen.

Antonio ging in die Arena und übernahm den Stier zu dessen Bedingungen. Wenn er dort arbeiten mußte, wo es lebensgefährlich war zu arbeiten, dann würde er ebendort arbeiten; aber bewußt; nicht aus Unkenntnis. Wenn er sich auf das Terrain des Stiers begeben und ihn durch die langsame Geschmeidigkeit seiner schwingenden *muleta* beherrschen mußte, dann würde er das eben tun – in genau der Geschwindigkeit, daß der Blick des Stiers sich weder von dem schwingenden Tuch löste, noch daß es zu schnell aus seinem Blickfeld geriet. Wenn er Luis Miguel durch die absolut Bachsche Reinheit seines Stils und seines Bewegungsablaufs, und das mit einem fehlerhaften Instrument, übertreffen mußte, dann würde er das eben tun. Die Möglichkeit, getötet zu werden, bedeutete ihm in diesem Augenblick überhaupt nichts.

Also tat er es, er formte den Stier, belehrte ihn und brachte ihn schließlich dazu, daß ihm das gefiel und er mitmachte. Ein Murmeln ging durch die Menge, und dann bei jedem der unglaublich schönen Manöver ein Aufschrei. Darauf machte Antonio das Ganze mit Musikbegleitung, und zwar so rein wie Mathematik und so warm, so aufregend und bewegend wie Liebe. Ich wußte, daß er Stiere liebte, und ich wußte, daß er sich wie ein Wissenschaftler mit ihnen auskannte. Eine solche *faena* mit diesem Stier, den man ihm zugewiesen hatte, war unglaublich, und ich hatte wahrhaftig schon in hundert Varianten gesehen, wie sich Matadore eines solchen Stiers mehr oder weniger achtbar zu entledigen gesucht hatten. Er mußte Luis Miguel übertreffen, und dieser Stier war ihm dazu zugeteilt worden. Also tat er es.

Schließlich tötete er; zweimal ging er perfekt hinein und traf auf Knochen; dann grub er den Degen bis zu dem roten Stichblatt hinein. Man gab ihm ein Ohr, obwohl die Menge nach beiden verlangte. Aber er war zweimal auf Knochen gestoßen.

Beide wurden auf den Schultern der Menge hinausgetragen – das war Barcelona.

Oben im Hotel lag Antonio auf dem Bett, müde eher von dem Tragen auf den Schultern als vom Kampf, und lächelte sein dunkles glückliches Lächeln.

„Contento, Ernesto?" fragte er.

„Muy contento."

„Ich auch", sagte er. „Hast du gesehen, wie er war? Hast du alles mitbekommen?"

„Ich glaube schon", sagte ich.

„Laßt uns in Fraga essen."

„In Ordnung."

„Fahrt vorsichtig."

„Wir sehen uns in Fraga", sagte ich.

Luis Miguel war in einem anderen Hotel, aber vor unserem Hotel drängte sich eine solche Menschenmenge, daß ich nicht hinüberkam, um ihm zu gratulieren. Mengen von Menschen verstopften die Eingänge beider Hotels, und zum erstenmal war es wieder so wie in den tollen alten Zeiten.

Schließlich verließen wir die Stadt, gegen den starken Rückreiseverkehr der Leute, die die zwei freien Tage, Sonntag und Sankt Peter, auf dem Lande verbracht hatten. Wir fuhren im grellen Licht der entgegenkommenden Scheinwerfer auf der dunklen nassen Straße durch Katalonien nach Aragonien hinein. Die Truppe holte uns in Fraga ein, einer reizenden alten Stadt, die wie eine tibetanische Stadt über dem Fluß hing und deren Anblick allein die Fahrt wert gewesen wäre. Aber wir sahen von ihr nur eine verregnete Straße und eine große verzinkte Theke, an der die Fernfahrer Rast machten. Der Speisesaal oben war geschlossen, und der Schnaps war auch nicht gut. Wir holten ein englisches Quart guten Gibraltar-Whiskys aus dem Auto und genehmigten uns alle einen Whisky mit Mineralwasser gegen die kalte feuchte Nacht. Jeder von uns trank zwei Gläser, während man uns ein ordentliches Lendenstück besorgte, ein paar Eier kochte und eine Suppe auftischte.

Antonio war glücklich, aber müde. Er haßte es, von den Leuten auf den Schultern getragen zu werden, und außerdem war die Wunde davon aufgegangen. Wir aßen schnell, aber fröhlich. Wie eine Mannschaft, die ein wichtiges Spiel gewonnen hat, die aber weiß, daß sie morgen wieder spielen muß. Wir besprachen, wo wir haltmachen könnten, und stellten einstimmig fest, der beste Ort dafür sei die Jagdhütte bei Bujaraloz.

„Soll ich dir die Wunde verbinden?" fragte ich Antonio.

„Nein. Ist schon gut. Miguelillo hat sie fest verklebt. Du kannst sie dir morgen ansehen."

„Schlaf gut."

„Mach ich. Von hier an ist die Straße gut. Und wie fühlst du dich?"

„Prima. Muy contento."

Er grinste. „Sorg dafür, daß Bill schläft", sagte er. „Auch wenn er ein Pferd ist – du mußt dich um dein Pferd kümmern."

„Wir haben ihm gerade etwas Hafer gegeben."

„Laßt ihn schlafen", sagte er. „Und schlaf du auch. Wir sehen uns in Burgos."

Als wir Zaragoza hinter uns hatten und zügig über die breite Straße durch das flache Land fuhren, den Ebro mit seinen weißen kahlen Hügeln zu unserer Rechten und dahinter die ersten Berge von Navarra, begann der Tag aufzuklaren, obwohl die hohen Berge der iberischen

Kette zu unserer Linken immer noch wolkenverhangen waren.

Hinter Logroño, als wir die Navarra begrenzende Straße verlassen hatten und am Rande des Weinbaugebietes von Rioja entlangfuhren, stieg die Straße zu den Ausläufern der Sierra de la Demandada an, durch wilde Heide und verkümmerte Eichen, und wir sahen vom höchsten Punkt auf die Hochebene Altkastiliens hinunter; tief unter uns die Pappelallee, die nach Burgos führte.

Man erschrickt jedesmal, wenn man nach Burgos hineinfährt. Das da unten in der Talsenke hätte jede beliebige Stadt sein können, aber dann sieht man das Grau der Domtürme und ist plötzlich mittendrin. Wir waren zum Stierkampf hergekommen, also schluckte ich den Schock, den das Gewicht seiner Steine und seiner Geschichte mir verursachte, und Bill fuhr los, um einen Parkplatz in den verstopften Straßen der *feria* zu suchen, während ich loszog, um die Truppe zu suchen.

Vor dem Hotel traf ich die *banderilleros* Joni, Ferrer und Juan. Ferrer und Juan kamen gerade vom *sorteo*. Sie sagten, die Stiere sähen gut aus. Ihrer Meinung nach hatten wir das beste Paar gezogen. Alle waren guter Dinge, aber müde. Die *cuadrilla* hatte eine wirklich rauhe Fahrt von Barcelona hierher hinter sich, aber die Moral stimmte. Schließlich hatten sie sich ja dazu verdingt, zäh zu sein, und diese Viertageschicht war bloß ein Training für das, was im August und September auf sie zukommen würde.

Antonio fühlte sich gut. Er hatte im Auto und dann im Hotel geschlafen.

Es war ein sehr guter Kampf, obwohl die Cobaleda-Stiere schwierig und gefährlich waren. Antonio hatte einen Stier, den man nur von der rechten Seite angehen konnte. Mit dem linken Horn jagte er den Matador wie mit einer Sichel. Also bearbeitete Antonio ihn wunderbar mit seiner rechten Hand und tötete ihn gut.

Sein zweiter Stier war ebenfalls schwierig, aber er baute ihn auf die gleiche Weise auf wie am Tag zuvor den Stier in Barcelona. Mit der *capa* war er so gut wie immer, er machte eine schöne klassische *faena* und tötete ihn sehr gut, den Degen von hoch oben hineinstoßend. Er erhielt beide Ohren. Seine Arbeit hätte nicht besser sein können, er ließ die Schwierigkeiten des Stiers nicht ein einziges Mal sichtbar werden.

Nach dem Kampf fuhren wir nach Madrid, wo wir rechtzeitig zu einem späten Essen im „Callejón" eintrafen. Bill saß die ganze Strecke ohne Pause am Steuer. Wir versuchten die Zahl der Bergketten zu zählen, die wir überquerten, und die der gefahrenen Meilen auszurechnen, gaben es aber bald auf. Es war gleichgültig. Wir hatten es ja geschafft.

Am Abend des 2. Juli trafen Mary und Annie aus Málaga ein; sie hatten die Strecke an einem Tag zurückgelegt, nur um es uns mal zu zeigen. Zwei Tage lang überließen wir uns der Zivilisation und dem Familienleben, dann fuhren wir über Burgos nach Pamplona. In Burgos sahen wir uns eine *corrida* mit Miuras an. Es waren die besten und schönsten Stiere, die wir in der ganzen Saison zu sehen bekamen, einer davon war sogar der edelste und vollkommenste Stier, den ich seit vielen Jahren gesehen hatte. Er machte einfach alles, es fehlte nur noch, daß er dem *puntillero* geholfen hätte, die *puntilla* in ihn zu stoßen, als er schon am Boden lag. Wir schliefen in Vitoria und fuhren dann zur *feria* von San Fermín nach Pamplona.

9

Nach Pamplona sollten Sie nie mit Ihrer Frau fahren. Mit ziemlicher Sicherheit wird sie dort krank, verletzt oder verwundet werden, zumindest wird man sie anrempeln und mit Wein beschütten; oder aber Sie verlieren sie. Vielleicht auch alles auf einmal. Wenn überhaupt jemand Pamplona unbeschadet überstehen konnte, dann waren es Carmen und Antonio; aber Antonio brachte sie nicht mit. Es ist eine *fiesta* der Männer, Frauen machen da nur Ärger, natürlich nie absichtlich; aber sie machen oder bekommen fast immer Ärger dort. Ich habe einmal ein Buch darüber geschrieben. Freilich, wenn sie Spanisch kann und einen Scherz von einer Beleidigung zu unterscheiden versteht, wenn sie tage- und nächtelang Wein trinken und mit allen möglichen Fremden, die sie auffordern, tanzen kann, wenn es ihr nichts ausmacht, bekleckert zu werden, wenn sie ständigen Lärm liebt und Musik und Feuerwerk, besonders wenn es in ihrer Nähe niedergeht und ihr die Kleider versengt, wenn sie es für vernünftig und logisch hält, daß man sich aus freien Stücken und nur zum Spaß fast von einem Stier töten läßt, wenn sie sich bei einem Regenguß nicht gleich erkältet und Staub und Dreck mag und nichts gegen Unordnung und unregelmäßige Mahlzeiten hat und keinen Schlaf braucht und auch ohne fließendes Wasser immer sauber und hübsch aussieht; dann nehmen Sie sie mit. Wahrscheinlich werden Sie sie an jemanden verlieren, der besser ist als Sie.

Pamplona war hart wie immer, überfüllt mit Touristen und schrägen Gestalten, jedoch mit einem harten Kern der feinsten Leute von Navarra. Eine Woche lang kamen wir durchschnittlich auf etwas über drei Stunden Schlaf pro Nacht, beim Dröhnen der Kriegstrommeln von Navarra, bei dem Gedudel der alten Lieder und dem Geschiebe und Gehopse der Tänzer. Ich habe Pamplona schon einmal beschrieben, und das für immer. Es ist alles noch so wie früher, nur daß jetzt noch 40000 Touristen dazukommen. Als ich vor fast vier Jahrzehnten zum erstenmal dort war, waren keine zwanzig Touristen da. Heute sollen an manchen Tagen bis zu hunderttausend in der Stadt sein.

Am 5. Juli hatte Antonio einen Kampf in Toulouse, aber zum ersten *encierro* am 7. war er zur Stelle. Er hatte in Pamplona kämpfen wollen, aber als er am Anfang der Saison das Management wechselte und bei den Dominguín-Brüdern einstieg, war etwas mit den Verträgen durcheinandergeraten. Er liebt diese *fiesta* und wollte, daß wir sie gemeinsam feierten, und das taten wir dann auch. Fünf Tage und Nächte lang. Dann mußte er nach Puerto de Santa Maria, wo er am 12. Juli mit Luis Miguel und Mondeño gegen Benitez-Cubrera-Stiere anzutreten hatte. Es war das einzige Mal in diesem Jahr, daß Luis Miguel ihn beim gemeinsamen Kampf in der Arena in den Schatten stellte.

Hinterher fragte ich ihn danach. Er sagte, Luis Miguel habe die besseren Stiere gezogen, aber er sei auch nicht in der Form gewesen wie sonst bei den Kämpfen während der Saison.

„Wir haben in Pamplona nicht richtig trainiert", sagte ich.

„Vielleicht haben wir nicht ganz so trainiert, wie wir es hätten tun sollen", stimmte er zu.

Wir waren nicht wirklich zum Training dorthin gekommen, aber es hatte auch nicht auf dem Programm gestanden, daß er sich früh am Morgen von einem Pablo-Romero-Stier eine Hornwunde in der rechten Wade zuzog und daß er, nachdem sie verbunden war und er eine Tetanusspritze erhalten hatte, weiter damit herumlief und sich nicht weiter darum kümmerte. Er hatte die

Nacht durchgetanzt, damit das Bein nicht steif würde, und war am nächsten Morgen wieder auf den Beinen, um seinen Freunden in Pamplona zu zeigen, daß er sich nicht etwa vor den Kämpfen drücke, weil ihm die Stiere nicht gefielen. Er sah sich die Wunde überhaupt nicht mehr an und wollte auch nicht zum Arena-Arzt, damit niemand auf den Gedanken käme, er messe dem irgendeine Bedeutung bei, und auch weil er Carmen nicht beunruhigen wollte. Als ich sah, daß sie eiterte, holte ich George Saviers, einen Arzt, mit dem wir von Sun Valley her befreundet waren, und der reinigte sie, verband sie ordentlich und hielt sie sauber, bis Antonio mit immer noch nicht zugeheilter Wunde zum Kampf nach Puerta de Santa Maria abreiste.

Übrigens erfuhr ich von Freunden, daß Luis Miguel in Puerto zwei geradezu ideale und perfekte Stiere hatte, großartig mit ihnen kämpfte und dann alle möglichen Tricks mit ihnen vorführte, einschließlich dem, einem der Stiere aufs Gesicht zu küssen. Antonios Stiere waren beide wertlos, der zweite sogar gefährlich. Beim ersten hatte er mit dem Töten kein Glück, aber aus dem zweiten, sehr bösen Stier holte er alles heraus, was zu holen war, er tötete ihn ausgezeichnet und bekam das Ohr. Aber alles in allem war es Luis Miguels Tag.

Ich blieb in Pamplona, weil Mary sich zu dieser Zeit mit einem sehr schmerzhaften gebrochenen Zeh plagte; sie war auf einem Stein ausgerutscht, als wir oben im Irati schwimmen waren. Sie konnte nur unter Schmerzen und großen Schwierigkeiten am Stock gehen. Die *fiesta* war vielleicht ein bißchen wüst gewesen. In der ersten Nacht fiel Antonio und mir ein schickes kleines französisches Auto auf, in dem ein sehr hübsches Mädchen saß, in Begleitung eines – wie sich herausstellte – Franzosen. Antonio sprang auf die Motorhaube, um den Wagen zu stoppen. Pepé Dominguín war ebenfalls dabei, und als die Insassen aus dem Wagen stiegen, informierten wir den Franzosen, daß er gehen könne, das Mädchen aber unsere Gefangene sei. Den Wagen würden wir auch behalten, da wir sonst keine Transportmittel hätten. Der Franzose war sehr umgänglich. Es stellte sich heraus, daß das Mädchen Amerikanerin war und er sie bloß zu ihrer Unterkunft bringen wollte, wo ihre Freundin auf sie wartete. Wir sagten, darum würden wir uns schon kümmern und: „Vive la France et les pommes de terre frites."

Bill, der in Pamplona jede Straße kannte, stöberte auch die Freundin des Mädchens auf, die, falls das möglich war, noch schöner war als unsere erste Gefangene; und wir zogen alle zusammen durch die dunklen, beflaggten, engen Straßen der Altstadt, wo Antonio ein Lokal kannte, in dem er mit uns singen und tanzen wollte. Schließlich gewährten wir den Gefangenen einen Hafturlaub, und am Morgen, als die ersten Trommler und Tänzer auf dem Weg zur Plaza vorbeizogen, stießen die beiden frisch, reizend und gepflegt in „Choko's Bar" wieder zu uns und blieben bis zum Schluß der *feria* von Valencia am Ende des Monats unsere netten, treuen und hübschen Gefangenen.

Mit einem Paar weiblicher Gefangener aufzutauchen wird in ehelichen Kreisen nicht immer gut aufgenommen, aber diese Gefangenen waren so reizend, so lieb und anpassungsfähig, heiter und glücklich in ihrem Gefangenendasein, daß nicht eine der Ehefrauen ihnen mit Mißbilligung begegnete, und selbst Carmen schenkte uns Glauben, als sie sie auf ihrer und meiner gemeinsamen Geburtstagsparty am 21. Juli in La Consula kennenlernte.

Inzwischen hatten wir herausgefunden, wie wir den Verschleißerscheinungen durch die *fiesta* vorbeugen und dem Lärm entgehen konnten, der einigen der geschätzteren Mitglieder unserer Gruppe allmählich auf die Nerven ging. Und zwar so: die Stadt am Vormittag zu verlassen und über Aoiz das Irati-Flußtal hochzufahren, dort zu picknicken und zu schwimmen und dann rechtzeitig zu den Stierkämpfen wieder zurückzufahren. Jeden Tag fuhren wir den reizenden Forellenstrom ein Stückchen weiter hinauf zu dem herrlichen jungfräulichen Wald des Irati, in dem sich seit den Zeiten der Druiden nichts verändert hatte. Ich hatte erwartet, dort alles abgeholzt und zerstört vorzufinden, aber es war noch der letzte mittelalterliche große Wald mit mächtigen Buchen und jahrhundertealtem Moospolster, auf dem es sich weicher und angenehmer liegen ließ als sonstwo auf der Welt. Und mit jedem Tag drangen wir weiter in ihn ein und kamen immer später zu den Kämpfen zurück, bis wir uns schließlich den letzten Kampf, die *novillada*, ganz schenkten und zu einem Ort vorstießen, zu dem ich mich nicht genauer äußern werde, weil wir noch öfter hinfahren wollen und dort dann nicht fünfzig Autos oder Jeeps antreffen wollen. Über Waldwege konnten wir fast zu all den Stellen fahren, zu denen wir uns damals, als ich „Fiesta" schrieb, noch zu Fuß durchschlagen mußten; vom Irati nach Roncevalles allerdings mußte man nach wie vor zu Fuß gehen und auch klettern.

Das Land unverdorben vorzufinden und es noch einmal mit den Leuten, mit denen ich in diesem Juli zusammen war, genießen zu können, machte mich so glücklich wie nie zuvor, und all die Menschenmassen und modernen Neuerungen in Pamplona waren bedeutungslos dagegen. In Pamplona hatten wir unsere alten Geheimlokale wie „Marceliano's", wo wir morgens nach dem *encierro* hingingen zum Essen, Trinken und Singen; „Marceliano's", wo das Holz der Tische und Treppen so sauber und geschrubbt ist wie das teakhölzerne Deck einer Jacht, nur daß die Tische voller redlicher Weinflecken sind. Der Wein war so gut, wie wenn man einundzwanzig ist, und das Essen wunderbar wie immer. Es wurden die alten Lieder gesungen, es gab auch gute neue Stücke, die plötzlich mit Pauken und Trompeten losdröhnten. Die einstmals jungen Gesichter waren jetzt alt wie meins, aber keiner hatte vergessen, wie wir einmal waren. Die Augen hatten sich nicht verändert, und keiner war fett geworden. Kein Mund war verbittert, ganz gleich, was die Augen inzwischen alles gesehen hatten. Bittere Falten um den Mund sind die ersten Anzeichen der Niederlage. Keiner hatte sich besiegen lassen.

Unser öffentliches Leben spielte sich in der Bar „Choko" ab, unter den Arkaden vor dem Hotel, das einmal Juanito Quintana gehört hatte. In dieser Bar ließ mich ein junger amerikanischer Journalist wissen, wie gern er mit uns vor dreißig Jahren in Pamplona gewesen wäre, „als Sie noch ins Land hinausfuhren und die Menschen kannten, als Sie die Spanier kannten und sich aus ihnen und ihrem Land und dem Schreiben noch etwas machten und Ihre Zeit nicht damit vergeudeten, in Bars herumzusitzen und sich anhimmeln zu lassen, mit Ihren Anbetern Witze zu reißen und Autogramme zu verteilen". Es kam noch eine Menge in der Art, und das alles stand in einem Brief, den er mir geschrieben hatte, weil ich ihn dafür gerüffelt hatte, weil er ein paar Eintrittskarten nicht abgeholt hatte, die ich für ihn bei einem befreundeten Schwarzhändler, der auf sämtlichen *ferias* Geschäfte machte, gekauft hatte. Er war Anfang Zwanzig und wäre in den zwanziger Jahren ebenso spießbürgerlich gewesen wie jetzt Ende der fünfziger. Er wußte einfach nicht, daß das immer so ist und man es immer finden kann, und in seinem hübschen jungen Gesicht zeigten sich bereits die Spuren von Bitterkeit um die

Oberlippe, während er mich über Pamplona aufzuklären versuchte. Es war alles da, und er war dazu eingeladen worden; aber er war nicht imstande, es zu sehen.

„Was verschwendest du deine Zeit mit dieser Null?“ fragte Hotch.

„Er ist keine Null“, sagte ich. „Der wird mal Redakteur bei ‚Reader’s Digest‘.“

Pamplona hatte gutgetan, und danach kämpfte Antonio zweimal in Mont-de-Marsan in Frankreich, wo er phantastisch war; aber die Stiere waren an den Hörnern beschnitten, weshalb er kein Wort mit mir über diese Kämpfe wechselte. Nach dem letzten Kampf kam er mit dem Flugzeug nach Málaga runter, um die Geburtstagsparty mitzufeiern, die Mary für Carmen und mich organisiert hatte. Es war eine tolle Party, und mir wäre sonst vielleicht gar nicht aufgefallen, daß ich jetzt sechzig war, wenn Mary es nicht zu einem so großen, schönen Fest gemacht hätte. Aber diese Party hat es mir eingehämmert.

Als wir mit dem Training begannen, nachdem Antonio nach seiner schweren *cornada* von Aranjuez den Stock in die Ecke gestellt hatte, waren wir immer unbekümmerter geworden, im besten Sinne des Wortes. Wir hatten über den Tod gesprochen, aber ohne Schwarzseherei, und ich hatte Antonio gesagt, was ich davon hielte, wertloses Zeug, da niemand von uns etwas darüber weiß. Ich konnte ganz aufrichtig respektlos darüber reden und diese Respektlosigkeit manchmal auch anderen vermitteln, aber zu der Zeit beschäftigte ich mich nicht damit. Antonio teilte mindestens zweimal täglich den Tod aus, manchmal eine ganze Woche hindurch jeden Tag; und er reiste lange Strecken, um das zu tun. Täglich beschwor er aus freien Stücken die Gefahr des Todes auf sich selbst herab und verlängerte diese Gefahrenmomente durch seinen Kampfstil noch über die Grenzen dessen hinaus, was sich normalerweise ertragen ließ. So kämpfen, wie er es tat, konnte er nur, weil er perfekte Nerven und nicht die Spur von Angst hatte. Denn seine Art zu kämpfen, ohne Tricks, hing davon ab, daß er die Gefahr begriff und beherrschte, indem er sich auf die Geschwindigkeit oder Langsamkeit des Stiers einstellte und den Stier mit dem Handgelenk beherrschte, das gesteuert wurde von seinen Muskeln, seinen Nerven, seinen Reflexen, seinen Augen, seinem Wissen, seinem Instinkt und seinem Mut.

Wenn etwas mit seinen Reflexen nicht stimmte, könnte er nicht so kämpfen. Wenn sein Mut auch nur für den kleinsten Bruchteil einer Sekunde sinken sollte, wäre der Bann gebrochen und er würde in die Luft geschleudert und aufgespießt werden. Darüber hinaus hatte er mit dem Wind fertig zu werden, der ihn dem Stier preisgeben konnte, so daß dieser ihn jederzeit töten konnte.

All das war ihm kalt und vollkommen bewußt, und unser Problem bestand darin, die Zeit, die er darüber nachdenken konnte, zu reduzieren auf das für ihn notwendige Mindestmaß, das er zur Vorbereitung brauchte, um alldem entgegenzutreten, bevor er in die Arena ging. Es war Antonios feste Verabredung mit dem Tod, der wir jeden Tag entgegentreten mußten. Jedem Mann kann der Tod begegnen, aber verpflichtet zu sein, ihm durch bestimmte klassische Manöver so nahe zu kommen wie möglich, und dies immer und immer und immer wieder, und einem Tier von einer halben Tonne Gewicht mit einem Degen den Tod zu geben, einem Tier, das man liebt – das ist doch etwas weit Komplizierteres als nur eine Begegnung mit dem Tode. Es heißt, sich jeden Tag als kreativer Künstler zu erweisen und unbedingt als geschickter Todbringer zu agieren. Antonio mußte schnell und gnädig töten und dem Stier darüber hinaus zweimal täglich die Chance geben, auch ihn zu töten, wenn er sich über die Hörner beugte.

Beim Stierkampf hilft in der Arena jeder jedem. Trotz aller Rivalitäten und Haßgefühle ist dies die engste Bruderschaft der Welt. Nur Stierkämpfer kennen die Risiken, die sie eingehen, und wissen, was der Stier mit seinen Hörnern ihrem Körper und ihrer Seele antun kann. Wer nicht wahrhaft zum Stierkampf berufen ist, nimmt den Stier Nacht für Nacht mit in den Schlaf. Aber niemand kann einem Stierkämpfer unmittelbar vor dem Kampf helfen; deshalb versuchten wir, die Zeit der akuten Ängste abzukürzen. Ich ziehe den Ausdruck Qual, beherrschte Qual, dem der Angst vor.

Vor dem Kampf, wenn die Schulterklopfer und Anhänger endlich gegangen waren, betete Antonio immer auf seinem Zimmer. Wenn in der Arena noch Zeit blieb, schlüpfte fast jeder in die Kapelle, um vor dem *paseo* noch einmal zu beten. Antonio wußte, daß ich nur für ihn und nie für mich selbst betete. Ich kämpfte nicht, und ich hatte es im spanischen Bürgerkrieg aufgegeben, für mich selbst zu beten, als ich sah, was für schreckliche Dinge anderen Leuten passierten, und fühlte, wie selbstsüchtig und egoistisch es sei, für sich selbst zu beten. Für den durchaus denkbaren Fall, daß meine Gebete ungültig sein sollten, und um sicherzugehen, daß jemand Kompetentes sie verrichtet, hatte ich für Carmen und Antonio eine Mitgliedschaft bei der Jesuit Seminary Fund Association in New Orleans erwirkt. Dort stand eine Klasse kurz vor dem Examen, die nach der Ordination täglich für die beiden beten würde.

Also verkürzten wir die Zeit, in der man darüber nachdenken konnte, soweit wie möglich, und waren in der Zeit zwischen Kampf und unmittelbarer Vorbereitung auf den nächsten Auftritt in der Arena völlig unbekümmert. Ganz Pamplona war unbekümmert. Die Gesellschaft auf La Consula natürlich am allermeisten. Eine der Attraktionen, die Mary im Park hatte aufbauen lassen, war eine Schießbude, die sie von einer Schaustellertruppe gemietet hatte. 1956 war Antonio noch ein wenig schockiert gewesen, als Mario, der italienische Chauffeur, bei leichtem Wind mit der einen Hand Zigaretten hochgehalten hatte und ich ihre brennenden Enden mit einer 22er Büchse herunterschoß. Auf dieser Party jetzt hielt Antonio mir die Zigaretten im Mund hin, und ich schoß die Asche herunter. Siebenmal machten wir das mit den winzigen Schießbudenbüchsen, und am Ende paffte er die Zigaretten immer kürzer, um zu sehen, wie weit es sich treiben ließe.

Schließlich sagte er: „Ernesto, weiter geht's nicht mehr. Der letzte Schuß hat meine Lippen gestreift."

Ich hörte auf, solange ich noch in Führung lag, und weigerte mich, auf George Saviers zu schießen, da er der einzige Arzt im Haus war und die Party gerade erst angefangen hatte. Sie ging noch lange weiter. Drei Tage später fuhren wir die Küste hoch und waren rechtzeitig zum ersten Kampf der *feria* in Valencia.

10

In Valencia war es sehr heiß, und die Hotels waren alle überfüllt. Im „Royal" bekamen wir kein Zimmer, obwohl wir von Alicante aus welche hatten reservieren lassen; also brachten wir die Truppe in dem schönen, alten, dunklen, kühlen „Victoria" unter, sobald dort Zimmer frei wurden, und benutzten die große klimatisierte Bar des „Royal" als Treffpunkt. Die Hitze machte den Mädchen schwer zu schaffen, und wir zeigten ihnen, wie man auf verschiedenen Wegen durch die Stadt gehen und den Schatten enger Querstraßen und hoher Gebäude ausnutzen kann.

Die erste *corrida* war eine mittlere Katastrophe. Die Pablo-Romero-Stiere, schön und riesig wie immer, waren zum Teil schlecht auf den Beinen, oder sie bauten sehr schnell ab. Antonio Bienvenida konnte mit seinem ersten Stier, einem Traber, der sich nicht aus der Defensive locken ließ, überhaupt nichts anfangen. Bienvenida ging daraufhin ebenfalls in die Defensive, und beide übertrafen sich gegenseitig darin, bis er das Tier defensiv abstach und es hinausgeschleift wurde. Ich hoffte, daß General Buck Lanham, der zu meinem Geburtstag und zu dieser *feria* von drüben hergekommen war, nicht auf den Gedanken käme, dies für Stierkampf zu halten. Er trug sein Keinen-Kommentar-Gesicht.

Luis Miguels erster Stier begann schnell, tapfer und kräftig, und Luis Miguel verabreichte ihm eine volle Behandlung, angefangen beim großen *cambiado* mit beiden Knien im Sand bis zu den drei Paaren *banderillas* dicht am Zaun. Zwei dieser Paare saßen wunderbar, und jetzt merkte ich, daß Buck mitging. *Banderillas* sind von den Zuschauern am leichtesten zu verstehen, wenn auch nicht zu beurteilen, und Luis Miguel arbeitete mit ihnen immer so, als wolle er sein Vorgehen Schritt für Schritt erklären; man konnte ihm die Schritte regelrecht an den Füßen ablesen. Bei der *muleta* dann war der Stier vor Hitze und wegen seines Übergewichts fast am Ersticken, und nach wenigen guten Manövern ging ihm die Luft aus, und er wurde erst defensiv, dann stumpfsinnig. Luis Miguel entledigte sich seiner, indem er ihm geschickt den Degen halb hineinstieß.

Jaime Ostos war beim dritten Stier außerordentlich tapfer, einem außerordentlich dummen und temperamentlosen Tier, das aber doch immerhin so mit seinem rechten Horn herumstocherte, daß es auf dieser Seite gefährlich war. Jaime holte alles aus ihm heraus, was mit der linken Hand zu holen war, hatte aber am Ende kein Glück, da er zweimal mit dem Degen hineingehen mußte. Schließlich tötete er ihn aber gut.

Luis Miguel zog einen wirklich guten zweiten Stier und machte mit ihm alles, was wir ihn in Algeciras, wo er in Höchstform gewesen war, auch hatten machen sehen. Für mich erreichte er mit diesem Stier seinen Höhepunkt bei dieser *feria*. Mit seinem Stil konnte er nichts Perfekteres machen. Gleich zu Beginn seiner *muleta*-Arbeit verlor der Stier einen Teil eines Hufs, lahmte aber seltsamerweise nicht, und Luis Miguel führte ihn durch fünf lange Serien von Manövern, und auf jede reagierte die Menge mit Geschrei. Die zweite Hälfte, die genauso gefühlvoll war wie die erste, machte er zu Musikbegleitung. Dann machte er noch all die Tricks und tötete schließlich sauber und schön von hoch oben ohne jeden Trick.

Er hatte alles gezeigt, was er konnte, und zwar perfekt, und sein Triumph war vollkommen und uneingeschränkt. Er lief zwei Ehrenrunden, mit seinem schmallippigen Lächeln, das in letzter Zeit immer trauriger wurde. Er wirkte nicht arrogant, aber er schien mit seinen Gedanken ganz woanders zu sein, während er die beiden Ohren hochhielt und seine *cuadrilla* hinter ihm herlief, um die Damenhandtaschen, Schuhe, Blumen, Weinschläuche und Strohhüte zurückzuwerfen. Die Zigarren behielten sie. Auf der Sonnenseite der Arena war es ziemlich leer; die Landleute in ihren schwarzen Kitteln und staubigen Baskenmützen waren zu Hause geblieben, und ich fragte mich, ob es das war, worüber Miguel nachdachte, als er mit traurigem Gesicht dort vorbeilief, oder ob er überlegte, wie er seine heutige Leistung noch übertreffen könnte, wenn er und Antonio erst einmal zusammen kämpften und es ums Ganze ginge.

Am zweiten Tag, als Antonio Ordóñez, Curro Giron und Jaime Ostos kämpften, war es auf der Sonnenseite noch leerer, und die Arena war nur wenig mehr als halb voll. Die Hitze war so schlimm wie am Tag zuvor, und von Afrika her wehte starker Wind. Aber Antonio machte sich keinerlei Gedanken wegen der halbvollen Arena, als er erst einmal in den Sand hinausgetreten war. Er hatte es flüchtig zur Kenntnis genommen, als er die Arena betrat und das Haus inspizierte. Seit er kämpfte, hatten immer andere das große Geld gemacht, das war keine Tragödie für ihn, obwohl er dringend Geld brauchte und wußte, wie schwer es in diesem Gewerbe zu bekommen war und wie schwer zu behalten und wie sehr er und Carmen es nötig hatten, um sich ihre einfachen und bescheidenen Pläne erfüllen zu können.

Bei diesem Kampf gab es nur zwei gute Stiere. Antonios erster Stier war nichts wert. Wir beobachteten von den roten Planken aus, wie sein zweiter Stier herauskam. Er war gut, schnell, ordentlich gehörnt, rundum kräftig, gut auf der einen Seite, als Juan die *capa* schleifte, und gut auf der anderen, als Ferrer ihn prüfte. Antonio lief mit der *capa* hinaus und sagte zu Ferrer: „Raus!“ Er wollte mit dem Stier allein sein, und dann forderte er ihn auf, und als der Stier auf ihn zustürzte, blieb Antonio dicht an ihm und machte seine langen, langsamen, endlosen Manöver, die einer tiefen Melodie glichen, die nur er und der Stier hören konnten. Seit ich ihn zum erstenmal vor sechs Jahren in Pamplona gesehen hatte, brach er mir immer mit seiner *capa*-Arbeit fast das Herz, und heute war er großartiger als je. Er hatte am Tag zuvor Luis Migues beobachtet, und jetzt zeigte er dem Publikum, sich selbst und uns und der Geschichte, was Miguel würde überbieten müssen, um zu gewinnen.

Zu den *banderillas* ging er nach nur einer *pica* über, um diesen Stier völlig unversehrt zu lassen, und er beobachtete genau, wie Joni und Ferrer die Stäbe plazierten. Dann nahm er seinen Degen und ging zu dem Stier hinaus.

Er nahm ihn in Besitz, brachte seinen Kopf mit vier tiefen, auf einem Knie ausgeführten Manövern nach unten und vollführte dann die beste, aufrechteste, schönste, vollkommenste klassische *faena* mit der *muleta*, die ich bis dahin je von ihm gesehen hatte. Sie enthielt all die Schönheit, die er auch früher schon vorgeführt hatte, aber dazu noch etwas von dem schönen Fluß des Wassers, wenn es über den Kamm eines Dammes oder Wasserfalls niederstürzt. Sie war aus einem Guß, und jedes Manöver glich einer Skulptur. In der Menge erhob sich ein Murmeln, das schließlich zum Tosen von Stromschnellen anschwoll und die Blasmusik untergehen ließ. Diese *faena* war so großartig wie alle seine anderen, und sie war besser als alle anderen. Und das Unglaublichste war, daß er dies bei windigem Wetter vollbracht hatte.

Als die Arbeit mit der *muleta* beendet war, ging Antonio zum Töten hinein, viermal; jedesmal zielte er auf die hohe tödliche Stelle und traf auf Knochen. Dann endlich trieb er, auf dem Stier liegend, den Degen hinein, und der Stier starb unter dem Stoß seiner Hand. Er bekam das Ohr, obwohl er viermal vergeblich zum Töten hineingegangen war, da jeder Stoß, der auf Knochen traf, die gleiche Gefahr in sich geborgen hatte wie ein Todesstoß. Was sie ihm gegeben hätten, wenn er beim ersten Hineingehen nicht auf Knochen gestoßen wäre, kann niemand sagen.

Der Abend am Strand bei „Pepica's" war herrlich. Die Brandung donnerte herein. Wir waren alle glücklich und alle noch erregt vom Kampf. Wir waren wie eine fröhliche Sippe nach einem erfolgreichen Raubzug oder einem großen Gemetzel. Die Sangriakrüge gingen schnell herum, und wir brauchten nicht so früh zu essen, wie wir es sonst Antonios wegen taten. Er war schon nach Tudela in Navarra abgefahren, wo er am nächsten Tag einen Kampf mit Luis Miguel und Ostos zu bestreiten hatte. Gewöhnlich brachten wir Antonio gegen Mitternacht ins Bett. Am Tag nach der Party hatten wir ernsthaft mit dem Training begonnen. Wir hatten jetzt wieder einen Tagesrhythmus und feste Gewohnheiten.

Luis Miguel hatte an diesem Tag einen Kampf in Palma de Mallorca bestritten, und ich war froh, daß er nicht gesehen hatte, was Antonio an diesem Tag gelungen war. Es hätte ihn beunruhigt. Ich mochte ihn sehr, aber nach dem, was ich in Valencia gesehen hatte, war ich sicher, daß er aus dem, was sich da abspielte, nicht als Sieger hervorgehen konnte.

Es war jetzt ganz deutlich, daß nur die beiden zusammen, Antonio und Luis Miguel, eine Stierkampfarena füllen konnten, bei den ungeheuren Eintrittspreisen, die sie die Veranstalter zu nehmen zwangen. Wenn einem von ihnen beiden etwas zustieße, wäre der ganze Korb voller goldener Eier im Eimer. Und es *würde* etwas passieren. Nie war ich mir bei irgendeiner Sache sicherer, und ich wußte ziemlich genau, daß es Antonio nicht anders ging. In der Nacht fragte ich mich, wie Carmen wohl darüber dachte, denn sie war die Beste, die Anständigste, die Loyalste und Intelligenteste von uns allen, die wir mit diesem tod- und geldbringenden Geschäft zu tun hatten. Sie hatte nur zu verlieren, ganz gleich, wie es ausging. Ich war froh, daß ich ein paar befugte Leute angeheuert hatte, die für sie beteten.

Im vierten Kampf von Valencia trafen Antonio und Luis Miguel zum fünftenmal in dieser Saison in der Arena aufeinander. Die Stiere waren von Samuel Flores. Der dritte Matador war Gregorio Sánchez. Der Himmel war bewölkt, und es herrschte drückende Hitze. Zum erstenmal während dieser *feria* war die Arena ausverkauft. Luis Miguels erster Stier war zaghaft, brach seine Angriffe mittendrin ab und versuchte immer wieder in die Defensive zu gehen. Miguel arbeitete sorgsam und intelligent mit ihm. Der Stier wühlte ständig mit der Schnauze im Sand, und Miguel versuchte ihn aufzurichten und auf den Degenstoß vorzubereiten. Es war ein Stier, der es jedem Stierkämpfer schwermachen konnte. Doch Miguel tötete ihn schnell und geschickt beim zweiten Versuch. Dafür hatte das Publikum nicht bezahlt, aber etwas anderes konnte er ihnen einfach nicht bieten, und der bessere Teil des Publikums wußte das auch und spendete Beifall. Miguel ging hinaus, grüßte einmal und kam mit verschlossener Miene an den Zaun zurück.

Antonio übernahm seinen Stier mit der *capa* und machte mit ihm dieselben langsamen, klaren, wunderbar langen Manöver, die er während der ganzen Saison machte, mit jedem Stier, der bereit war anzugreifen. Es war nicht etwas, was er selten tat, nur mit Ausnahmestieren. Vielmehr war dies seine Standardarbeit mit der *capa* an jedem Stier, der zum Angriff bereit war, und jedesmal versuchte er, diese Manöver zu verbessern, sie noch dichter, noch langsamer auszuführen.

Luis Miguel warf sich die *capa* über und führte, als er an der Reihe war, den Stier von den Pferden wegzuholen, eine gute Serie von Gaonas alten Manövern aus.

Mit der *muleta* bot Antonio dann eine *faena*, die ebenso schön war wie eine andere, die er bei seinem ersten Kampf in Valencia gezeigt hatte. Ja, vielleicht sogar noch verdienstvoller, denn dieser Stier war nicht so gut wie der andere, und Antonio hatte mehr damit zu tun, ihn mit der *muleta* zu beruhigen und zu halten. Ich sah ihm vom Zaun aus zu, wie er den Stier bewegte, ihn vollkommen beherrschte, nie das Horn mit dem Tuch in

Berührung kommen ließ, sondern es genau mit der Geschwindigkeit des Stiers schwenkte und ihn eine halbe Drehung nach der anderen machen und um sich kreisen ließ, und wie er ihn dann, als die Menge bei jedem Manöver aufschrie, einen vollständigen Kreis beschreiben ließ. Ich beobachtete dabei auch Miguels Gesicht. Es war völlig ausdruckslos.

Schließlich tötete Antonio, nachdem er alle schönen, klassischen und echt gefährlichen Manöver, die sich mit einem Stier machen ließen, vorgeführt und dann noch einmal in verbesserter Form wiederholt hatte. Die Menge zollte ihm brausenden Beifall, und der Präsident gestand ihm beide Ohren zu.

Luis Miguel legte sich mächtig ins Zeug, um mit seinem zweiten Stier in Führung zu gehen, und nahm ihn, auf beiden Knien kniend, mit jenem schönen, einhändigen, schwungvollen Manöver, das die Spanier *larga cambiada* nennen. Es ist spektakulär und schön, aber nicht annähernd so gefährlich, als wenn man den Stier langsam, die *capa* beidhändig gehalten, an sich passieren läßt. Doch der Menge gefiel es, und mit Recht, denn Luis Miguel beherrschte es meisterhaft.

Mit den *banderillas* war er großartig. Eins der Paare, die er plazierte, war unglaublich. Der Stier erwartete ihn dicht am Zaun, seine Flanken wogten, Blut aus den Verletzungen durch die *picas* strömte ihm über die Schulter, und seine Augen verfolgten Miguel, der langsam auf ihn zuging, die Arme weit ausgebreitet, die Stäbe mit den Harpunenspitzen nach vorn gestreckt. Miguel überschritt den Punkt, wo er den Stier zum Angriff hätte herausfordern müssen, überschritt den Punkt, wo diese Art der Plazierung der Stäbe noch sicher gewesen wäre, und dann den Punkt, wo es noch möglich gewesen wäre, den Stier, der ihn immer noch beobachtete, gefahrlos zu erwischen. Und dann, aus drei Schritt Entfernung, griff der Stier an. Miguel täuschte eine Bewegung nach links vor, setzte, als der Kopf des Stiers ihm folgte, die Stäbe an, flankte auf ihnen herum und kam über dem Horn auf der anderen Seite wieder heraus.

Mit der *muleta* übernahm er den Stier dicht an den Planken des Zauns und ließ ihn mit rechtshändigen Manövern an sich vorbeigehen. Ich konnte hören, was er zu dem Stier sagte, konnte den Stier atmen und das Klappern der *banderillas* hören, als er unter der *muleta* an Miguels Brust vorbeifuhr. Der Stier hatte nur eine, allerdings tiefe *pica* erhalten. Er hatte kräftige Nackenmuskeln, und Miguel ließ ihn den Kopf hochwerfen, um sie zu ermüden und den Kopf zum Töten nach unten zu bringen. Aber er blutete heftig und verlor an Kraft.

Miguel bemühte sich sehr um ihn und holte ihn sanft vom Zaun weg, dennoch verlor er ihn zusehends. Schließlich war er abgelaufen wie eine Grammophonplatte, und als er nicht mehr spielen wollte, spielte Miguel mit ihm. Er streichelte ihm die Hörner, stützte sich mit einem Arm auf seine Stirn und tat, als spreche er durchs Telefon mit ihm. Der Stier hätte ohnehin nie antworten können, aber jetzt, da er ausgeblutet, atemlos und unfähig zum Angriff war, konnte er es noch viel weniger. Miguel führte ihn – und hielt ihn dabei zur Unterstützung seiner Konzentration am Horn – versuchsweise ein wenig herum, und dann gab er ihm einen Kuß.

Jetzt hatte er alles getan, was er mit diesem Stier tun konnte, außer ihm einen Heiratsantrag zu machen, nun konnte er ihn nur noch töten. Er hatte ihn genau in dem Moment verloren, als er ihn mit den *banderillas* gewonnen hatte. Aber das war zu diesem Zeitpunkt noch nicht erkennbar gewesen. Der Stier hatte keine Kraft mehr, Miguel mit dem Degen zu helfen. Wenn Miguel jetzt mit Antonio in Wettstreit treten wollte, würde er hart und von hoch oben hineinstoßen müssen. Er konnte es nicht. Er ging fünfmal hinein, ohne die Waffe hineinstoßen zu können. Er traf nicht auf Knochen. Er konnte sich einfach nicht überwinden, den Degen hineinzutreiben. Die Menge war merkwürdig still. Sie sah da mit einem Mann etwas vor sich gehen, was sie nicht begreifen konnte.

Ich fand, daß Antonio ihn mit der *capa* und der *muleta* vernichtend geschlagen hatte, und er tat mir leid. Dann fiel mir ein, daß er in Tudela Unannehmlichkeiten gehabt hatte, da er von einer Flasche getroffen worden war, und daß dies womöglich in seinem Unterbewußtsein fortwirkte und ihn hemmte, mit dem Degen hineinzugehen. So wie man manchmal vorm Schießen zurückschreckt. Jedenfalls konnte er nicht mehr richtig zum Töten hineingehen, er versuchte es fünfmal, brachte, während der Stier verblutend mit hängendem Kopf dastand, seine Schnauze noch ein wenig tiefer, die *muleta* lag ausgebreitet im Sand, stach ihm mit dem *descabello*-Degen in den Nacken und drehte ihm den Strom ab.

Antonio zog einen Stier, mit dem nichts anzufangen war. Er lieferte sich selbst den Beweis dafür, und jeder andere wäre dabei aufgespießt oder entmutigt worden. Dann tötete er ihn schnell.

Am Abend nach diesem Kampf fragte mich Antonio, als er nach dem Duschen oben auf seinem Zimmer im Bett unter dem Laken lag: „Was meinst du dazu?"

„Wir haben ihn", sagte ich.

„Du warst zufrieden?"

„Socio", sagte ich; das heißt Partner. Wir nannten uns gegenseitig so, um Gefühlen aus dem Weg zu gehen.

„Für morgen habe ich eine Überraschung", sagte er.

„Was?"

„Ein kleines Picknick am Strand."

„Dann wollen wir heut abend früh essen und ins Bett gehen."

Was es auch war, was die Leute in den Kampfpausen nicht unruhig werden ließ, es war reichlich vorhanden in diesem Sommer, und es kam nicht aus der Flasche, auch wenn stets Sangriakrüge kalt standen und sich in dem heißen, trockenen Wind, der Tag und Nacht wehte, schnell mit Perlen überzogen. Wir freuten uns alle auf den großen Kampf und aßen große, köstliche Seezungen frisch aus dem Meer und Barben, die in Spanien *salmonete* heißen, und eine Safranpaella mit vielen Sorten Meeresfrüchten und Schalentieren. Als Vorspeise hatten wir frischen grünen Salat, zur Nachspeise aßen wir Melonen. Sie waren erstklassig, obwohl die Saison schon fortgeschritten war. Auf dem Weg zurück in die Stadt bekamen wir ein überwältigendes Feuerwerk zu sehen. In dieser Nacht verwandelte sich das Schmettern der Blechbläser und das Dröhnen der Trommeln in Licht, und unter Donnerschlägen erblühten Trauerweiden aus Licht am Himmel, bis über dem Boulevard der *feria* das Nordlicht explodierte und das Ganze mit dem Niederregnen der Stäbe in Dunkelheit endete, ehe die Lichter wieder angingen.

Ich weiß nicht, was Luis Miguel machte oder wie er in der Nacht vor dem Entscheidungskampf in Valencia schlief. Man erzählte mir, er sei sehr spät ins Bett gegangen, aber so was sagt man hinterher immer, wenn etwas passiert ist. Eins wußte ich jedenfalls: er war beunruhigt wegen des Kampfes, wir waren es nicht. Ich störte Miguel nicht und stellte ihm auch keine Fragen, zumal er wußte, daß ich jetzt in Antonios Lager war. Wir waren immer noch gute Freunde, aber seit ich seine Arbeit gesehen und bei verschiedenen Arten von Stieren studiert hatte, war ich zwar davon überzeugt, daß er ein großer, Antonio aber ein noch nie dagewesener großer Stierkämpfer war. Nach meiner Überzeugung konnten die beiden, falls Antonio ihn nicht zu hart attackierte, eine

Menge Geld machen, wenn sie ihre Preise senkten und jeder dasselbe bezahlt bekäme. Solange Antonio weniger erhielt, würde er das Tempo steigern, bis Miguel bei dem Versuch, es ihm gleichzutun oder ihn zu übertreffen, entweder getötet oder so schwer verletzt werden würde, daß er nicht mehr weiterkämpfen konnte. Ich wußte, daß Antonio skrupellos war und einen seltsamen, unversöhnlichen Stolz besaß, der aber nichts mit Egoismus zu tun hatte. Dahinter steckten eine Menge Gründe, und es hatte auch seine dunklen Seiten.

Luis Miguel war stolz wie der Teufel und erfüllt von einem Gefühl absoluter Überlegenheit, das in vieler Hinsicht seine Berechtigung hatte. Er hatte so lange behauptet, der Beste zu sein, daß er jetzt wirklich daran glaubte. Er mußte daran glauben, um weitermachen zu können. Es war nicht bloß etwas, was er auch glaubte, sondern es war sein einziger Glaube. Nun hatte Antonio sein Selbstvertrauen schwer erschüttert: er war von einer katastrophalen Hornverletzung vollständig genesen zurückgekehrt und hatte ihn mit einer Ausnahme in jedem ihrer gemeinsamen Kämpfe geschlagen. Das einzige, was Luis Miguel die Sache leichter gemacht hatte, war, daß immer noch ein dritter Matador mit ihnen gekämpft hatte, so daß der Vergleich nie absolut sein konnte. Besser als der dritte Mann war Luis Miguel allemal. Jetzt würde er sich mit Antonio allein in der Arena messen müssen. Das wäre für keinen Stierkämpfer angenehm gewesen, so wie Antonio ranging, und es war noch unangenehmer, wenn man mehr Geld bekam als er. Antonio spielte alles an die Wand, und zwar während dieses ganzen Jahres und auch schon im Jahr davor.

So standen die Dinge am Vortage des Kampfes, als ich früh am Morgen zu einem Spaziergang um die reizende alte Stadt aufbrach. Die Art, wie wir den Tag verbrachten, war riskant, aber das Risiko zahlte sich aus.

Wir verbrachten ihn in einem schönen, alten, schlichten Landhaus, einer Jagdhütte, etwa dreißig Meilen außerhalb der Stadt, im Orangenanbaugebiet zwischen dem Meer und den gewaltigen Reisfeldern auf der Lagune La Albufera, wo im Winter eine der großartigsten Entenjagden der Welt stattfindet. Wenn man durch die Orangenhaine und den Pinienwald an den Strand kam, sah man fünf Meilen weißen Sandes, ohne ein einziges Haus. Es war noch sehr windig und die Brandung entsprechend stark. Es war ein wilder, wunderbarer Tag am Strand, und wir schwammen die ganze Zeit, wenn wir nicht gerade aßen oder Fußball spielten. Mitten am Nachmittag beschlossen wir, den Stierkampf ausfallen zu lassen, und wollten schon die Eintrittskarten in einem feierlichen Feuer verbrennen. Aber dann fanden wir, das könnte Pech bringen, und spielten lieber noch etwas Fußball; danach schwammen wir bis zum Anbruch der Dämmerung, schwammen weit über die Brandung hinaus und mußten dann gegen eine starke, nach Westen ins Meer ziehende Strömung zurückschwimmen. Wir waren allesamt todmüde und gingen wie erschöpfte, aber gesunde Wilde früh schlafen.

Antonio schlief heiter und gut und wachte glücklich und ausgeruht auf. Ich kam gerade von der Aufteilung der Stiere. Es waren gutaussehende Stiere von Ignacio Sánchez und Baltazar Iban, mit unverfälschten Hörnern. Die Verteilung war ausgewogen. Der Wind hatte über Nacht zugenommen, der Himmel war dicht bewölkt. Draußen wehte ein halber Sturm, der eher an Herbst als an Ende Juli denken ließ.

„Aufgeregt?“ fragte ich ihn.

„Kein bißchen.“

„Was machen deine Füße?“

Mein rechter Fuß war jedenfalls vom Dribbeln und Barfußkicken angeschwollen.

„Die sind in Ordnung. Ich hab mich noch nie besser gefühlt. Wie ist das Wetter?“

„'ne Menge Wind“, sagte ich. „Viel zuviel.“

„Vielleicht läßt er ja nach“, sagte er.

Er ließ nicht nach, und als der Stierkampf begann und Luis Miguels erster Stier in die Arena kam, war der Himmel gewitterschwarz, keine Sonne zu sehen, und es wehte ein schwerer Sturm. Ich hatte Luis Miguel vor dem Kampf kurz besucht, um ihm alles Gute zu wünschen. Er hatte freundlich gelächelt und war so charmant gewesen wie immer, wenn ich bei ihm vorbeischaute. Aber sowohl er wie auch Antonio waren todernst gewesen, als sie beim *paseo* durch den Sand der Arena schritten und, nachdem sie dem Präsidenten ihren Gruß entrichtet hatten, zum Zaun kamen.

Luis Miguels erster Stier kam schnell und gut heraus. Er war gut gewachsen und groß genug, aber nicht überfüttert, und er hatte gute, brauchbare Hörner. Er ging kraftvoll auf die Pferde los und machte den Eindruck, als wäre er genau der richtige Stier für Miguel. Aber als die *banderillas* plaziert waren, begann er nachzulassen. Miguel versuchte im Windschatten des Zauns mit ihm zu arbeiten, aber dort gefiel es dem Stier nicht. Miguel brachte ihn weiter in die Mitte, und seine *muleta* stand waagerecht im Wind. Miguel wartete geschickt die halbherzigen Angriffe des Stiers ab und beherrschte ihn auf intelligente Art. Er holte ein paar gute Manöver aus ihm heraus und tötete ihn ziemlich schnell. Er ging nicht schlecht hinein, aber ich konnte erkennen, daß er dabei immer noch Schwierigkeiten hatte. Der angeschlagene Mechanismus in ihm war noch nicht wieder repariert. Immerhin funktionierte er gut genug, daß er diesen Stier schnell töten konnte.

Antonios erster Stier war problematischer als der von Miguel. Er war kräftig, gut bewaffnet und gut gebaut, war aber unentschlossen und neigte dazu, seine Angriffe abzubrechen. Antonio ging mit der *capa* dicht an ihn heran und begann einen Stier aus ihm zu machen; der Wind war ihm dabei völlig egal. Mit der *muleta* nutzte er jedes bißchen Windschatten, das die *barrera* bot, und flößte dem Stier Gefallen an dieser Stelle ein, indem er sich dort ständig exponierte. Allmählich wurde der Stier munter; Antonio bedrängte ihn und sorgte dafür, daß seine Aufmerksamkeit nicht nachließ oder aufhörte, er ließ ihn mit tiefen linkshändigen Manövern um sich kreisen und hob ihn mit schönen *pases de pecho* an seiner Brust vorbei. All das ließ er fließend ablaufen; er gab dem Stier Vertrauen und ließ ihn genau seinen Rhythmus einhalten. Es war eine ausgezeichnete *faena*, mit den für Antonio typischen langsamen und graziösen Bewegungen. Dann brachte er den Stier genau in Stellung, rollte die *muleta* ein, zielte und stieß kräftig zu. Der Stier fiel um, als hätte ihn eine Kugel getroffen. Der Einstich lag eine Spur außerhalb der hohen tödlichen Stelle, aber er bekam das Ohr und lief damit einmal durch die Arena. Die erste Runde war an ihn gegangen.

Luis Miguels zweiter Stier stammte von der Ranch Baltazar Ibans; die Tierärzte hatten ihn für einen der Ignacio-Sánchez-Stiere eingesetzt, der wegen unzulänglicher Hörner nicht zugelassen worden war. Dieser Stier fing gut an, und Luis Miguel leistete vorzügliche Arbeit mit der *capa.* Er war entschlossen, Antonio zu übertreffen, und griff vehement an. Aber als es Zeit für die *banderillas* war, verlangte die Menge, Luis Miguel sollte sie selbst plazieren, was er verweigerte. Das war mir unbegreiflich, da dieser Teil für mich der beste in seinem großen, umfangreichen Repertoire war. Ob er sich aus Stolz weigerte und weil er Antonio auf dessen eigenem Feld schlagen wollte, oder ob es etwas mit dem

Stier zu tun hatte, der offenbar allmählich abbaute, konnte ich nicht entscheiden. Das Publikum war sehr enttäuscht.

Miguel schien richtig gehandelt zu haben, denn der Stier ließ jetzt schnell nach, jedoch erst nachdem Miguel mit der *muleta* eine ausgezeichnete *faena* vorgeführt hatte; er begann mit einem statuesken rechtshändigen Manöver und ließ eine Serie von *naturales* folgen, gute, tiefe, linkshändige, kreisende Manöver, die, wenn man die Erschwernisse durch den Wind und den Zustand des Stieres in Rechnung zog, einfach bewundernswert waren. Dann kamen ein paar Manolete-Tricks, mit denen er das Publikum wieder ganz für sich gewann. Jetzt brauchte er nur noch zu töten, um ein Ohr abschneiden zu können. Aber wieder hatte er Schwierigkeiten beim Zustoßen. Der Mechanismus funktionierte immer noch nicht, und er ging viermal mit dem Degen hinein, ehe er den Stier tötete. Er lag jetzt weit zurück, und langsam wurde es dunkel, und der Wind wurde immer stärker. Der große Sprengwagen kam, um den hochwehenden Sand anzufeuchten, und während dieser Unterbrechung wurde im *callejón* nicht viel gesprochen.

Wir litten alle mit den beiden Matadoren; der Sturm unterzog sie einer harten Prüfung.

„Das ist unmenschlich, für beide", sagte Luis Miguels Bruder Domingo zu mir.

„Und es wird immer schlimmer."

„Man wird das Licht anmachen müssen", sagte Pepé, der andere Bruder. „Nach dem nächsten Stier wird es dunkel sein."

Miguelillo feuchtete Antonios Kampf-*capa* an, damit sie bei dem Wind etwas schwerer wäre.

„Es ist barbarisch", sagte er zu mir. „Was für ein barbarischer Wind. Aber er ist stark. Er kann es schaffen."

Ich ging ein Stück am Zaun entlang.

„Ich weiß nicht, was beim Degen mit mir los ist", sagte Luis Miguel, an die *barrera* gelehnt. „Ich bin grauenhaft damit." Er sah gleichgültig aus und sprach, als ob er sich über jemand anderen äußerte oder über irgendein Phänomen, das ihn verwirrte. „Jetzt kommt noch einer. Vielleicht klappt es ja bei diesem letzten."

Einige Freunde sprachen auf ihn ein, und er blickte in die Arena, ohne zuzuhören. Antonio blickte ins Leere und dachte an den Wind. Ich stand bei ihm, an die *barrera* gelehnt, und wir sprachen kein Wort.

Nach der Unterbrechung kam Antonios Stier herein. Er war schwarz, gut gewachsen, hatte gute Hörner und sah dumm aus. Er folgte der *capa* völlig interesselos, und als Antonio ihn zu Salas, dem *picador*, führte, griff er das Pferd zwar an, brach aber jedesmal sofort wieder aus, wenn die *pica* ihn traf. Der *sobresaliente* oder Ersatzmann, der die Stiere würde töten müssen, wenn Luis Miguel und Antonio beide aufgespießt würden, bat um Erlaubnis, eine *quite* machen zu dürfen, und der Stier erwischte ihn prompt und schleuderte ihn hoch. Antonio kam ihm mit der *capa* zu Hilfe. Das Horn hatte ihm die Hose aufgeschlitzt, und er hatte einen Schuh verloren. Juan hob ihn auf und warf ihn über den Zaun.

Nach den *banderillas* war der Stier noch schlimmer und wollte aber auch gar nichts mehr mitmachen. Antonio mußte die *muleta* wie ein Segel im Wind halten, um mit ihm arbeiten zu können und ihn in die Position zum Töten zu bugsieren. Und er mußte es mit der bloßen Kraft seiner Handgelenke tun, da die *muleta*, durch den Degen voll entfaltet, sich wie ein Segel blähte. Ich wußte, daß sein rechtes Handgelenk seit Jahren nicht in Ordnung war und vor jedem Kampf bandagiert wurde, damit es ihm beim Töten nicht umknickte. Jetzt schenkte er dem keine Aufmerksamkeit, aber als er zum Töten hineinging, gab es ein wenig nach, und der Degen ging nicht ganz gerade hinein. Nach dem Töten kam er an die *barrera* in meine Nähe. Sein Gesicht war verzerrt und angespannt, und sein Handgelenk hing schlaff herunter wie der lahme Arm eines Baseballwerfers. Die Lichter gingen an, und ich sah einen wilden Ausdruck in seinen Augen, den ich weder innerhalb noch außerhalb der Arena je an ihm bemerkt hatte. Er wollte etwas sagen, verschluckte es dann aber.

„Was ist los?“ fragte ich.

Er schüttelte den Kopf und sah zu dem Punkt, wo die Maultiere gerade den Stier aus der Arena schleiften. Unter den Scheinwerfern wirbelte der Wind schon wieder den erst vor einer Viertelstunde gewässerten aufgewühlten Sand empor.

„Ernesto, dieser Wind ist schrecklich“, sagte er mit harter, fremder Stimme. Sein Tonfall änderte sich sonst nie in der Arena, außer wenn er wütend war, und dann wurde seine Stimme tiefer, nicht höher. Auch jetzt war sie nicht höher, und auch nicht klagend. Er wollte nur etwas feststellen. Daß etwas passieren würde, wußten wir beide, aber dies war der einzige Moment, wo wir nicht wußten, *wem* es passieren würde. Er dauerte gerade lange genug, um diese fünf Worte auszusprechen. Miguelillo gab ihm ein Glas Wasser, und er spie es auf den Sand und griff nach seiner schweren Kampf-*capa*, ohne sein Handgelenk zu schonen.

Luis Miguels letzter Stier stürzte im Scheinwerferlicht in die Arena. Es war ein großer Stier mit guten Hörnern, und er war schnell. Er jagte einen *banderillero* über den Zaun und krachte mit seinem linken Horn gegen den *burladero,* so daß die Bretter zersplitterten. Er versuchte über den Zaun zu springen, schaffte es aber nicht. Als die *picadores* hereinkamen, griff er sie an und rannte ein Pferd über den Haufen. Luis Miguel handhabte die *capa* sicher, aber vorsichtig. Der Wind legte seine grundlegende Schwäche bei den *veronicas* bloß und machte die lustigen Manöver mit der *capa* auf der Schulter unmöglich. Der Stier war nervös und neigte ein wenig dazu abzustoppen und mit den Hinterbeinen zu bremsen; und Miguel wollte die *banderillas* wieder nicht setzen. Die Menge bestand noch hartnäckiger darauf als bei seinem zweiten Stier, aber er weigerte sich. Der Menge gefiel das nicht. Es war eines der Dinge, wofür sie so hohe Eintrittspreise bezahlt hatten: sie wollten ihn *banderillas* plazieren sehen. Er verlor das Publikum, glaubte aber, wenn er den Stier mit der *muleta* zur Räson brächte und eine gute *faena* zeigte, könne er es wiedergewinnen. Um mit diesem Stier arbeiten zu können, suchte er sich die am wenigsten windige Stelle in der Arena aus, die er finden konnte, dicht an den Planken der *barrera,* und ging mit einer schweren, gewässerten, schlammbedeckten *muleta* hinaus. Er verlangte nach noch mehr Wasser und zog das rote Sergetuch durch den Sand, um es noch schwerer zu machen.

Der Stier war gut, und Miguel machte mit ihm zwei statueske Manöver: den Degen und die *muleta* mit beiden Händen haltend, ließ er den Stier in voller Länge unter dem erhobenen Tuch durchlaufen. Er merkte, daß er den Stier noch nicht ganz unter Kontrolle hatte, und machte daher tiefe rechtshändige Manöver, um ihn zu bestrafen und zu übernehmen. Dann führte er ihn aus dem Windschatten der Planken heraus, da der Stier dort frustriert war. Luis Miguel machte noch zwei rechtshändige Manöver, und jetzt schien der Stier gut zu sein. Als er ein drittes Manöver einleitete, ließ der Wind die *muleta* plötzlich hochflattern und entblößte ihn, und der Stier stieß unter das Tuch und schien ihn mit dem rechten Horn im Bauch zu erwischen. Er flog in die Luft, und der Stier erwischte ihn mit dem anderen Horn im Schritt und schleuderte ihn auf den Rücken. Antonio rannte mit der *capa* los, um den Stier wegzuholen, aber noch ehe jemand ihn erreichen konnte, hackte der Stier dreimal auf den auf dem Rücken liegenden Miguel ein, und ich sah deutlich, wie ihm das rechte Horn in die Leistengegend fuhr.

Jetzt hatte Antonio den Stier, und Domingo, der im selben Moment, als Luis Miguel getroffen wurde, über den Zaun gesprungen war, zog Luis Miguel in Sicherheit. Domingo und Pepé und die *banderilleros* hoben ihn auf und trugen ihn schnell an die *barrera*. Wir hoben ihn zusammen rüber und liefen mit ihm durch den *callejón* und durch das Tor unter den Tribünen in den Flur zum Operationszimmer. Ich stützte ihm den Kopf. Luis Miguel drückte die Hände auf die Wunde, und Domingo preßte oberhalb davon mit dem Daumen das Blut ab. Es gab keine Blutung, und damit war klar, daß das Horn die Oberschenkelarterie nicht getroffen hatte.

Luis Miguel war vollkommen ruhig und freundlich und höflich zu allen.

„Ich danke dir sehr, Ernesto", sagte er, als ich ihm den Kopf stützte und ihm dann ein Kissen unterschob, während wir ihn entkleideten und Dr. Tamames die Hose über der Wunde aufschnitt. Es war nur eine einzige Wunde. Sie befand sich ganz oben am Oberschenkel in der rechten Leiste. Sie war kreisförmig, etwa zwei Zoll im Durchmesser und an den Rändern blau. Da Miguel auf dem Rücken lag, blutete sie jetzt nur nach innen.

„Sieh mal her, Manolo", sagte Luis Miguel zu Dr. Tamames. Er legte einen Finger auf eine Stelle direkt über der Wunde. „Hier geht's rein, und dann hoch bis etwa hierher."

Er zog den Weg des Horns auf seiner Leiste und seinem Unterleib nach. „Ich hab gespürt, wie es reinging."

„Muchas gracias", sagte Tamames barsch und sachlich. „Ich werde schon rausfinden, wo es reingegangen ist."

In der Krankenstation war es heiß wie in einem Backofen, es kam keine Luft rein, und alles schwitzte. Überall kletterten Fotografen herum, Blitzlichter zuckten, und durch die Türen drängten Zeitungsreporter und Neugierige herein.

„Wir werden jetzt operieren", sagte Tamames. „Schikken Sie die Leute raus, Ernesto, und", sagte er ganz leise zu mir, „gehen Sie auch raus."

Miguel lag jetzt bequem auf dem Tisch, und ich sagte ihm, ich käme bald wieder.

„Bis dann, Ernesto", sagte er lächelnd. Sein Gesicht war grau und verschwitzt, und sein Lächeln war liebevoll und freundlich. An der Tür standen zwei Posten von der Guardia Civil und draußen zwei weitere.

„Schicken Sie die Leute weg", sagte ich. „Es darf niemand herein. Stellen Sie zwei Posten an die Tür und lassen Sie die Tür auf, damit etwas Luft hereinkommt."

Ich hatte nicht das Recht, Befehle zu erteilen, aber das wußten sie nicht; sie warteten auf Anweisungen. Sie salutierten und fingen an, das Operationszimmer zu räumen. Ich ging langsam hinaus, und sobald ich unter den Tribünen war, sprintete ich zum Eingang des *callejón*. Von oben hörte ich Gebrüll, das wieder und wieder losbrach, und als ich im gelben Scheinwerferlicht an den roten Zaun der *barrera* kam, ließ Antonio gerade mit der *capa* einen großen roten Stier dichter und langsamer und schöner an sich passieren, als ich es je von ihm sah.

Er ließ den Stier heil und gestattete nur eine einzige *pica*. Der Stier war sehr schnell und stark und trug den Kopf hoch. Antonio wollte ihn schnell und konnte kaum abwarten, bis die *banderillas* plaziert waren. Es war ein mutiger Stier, und Antonio war zuversichtlich, daß er seinen Kopf ordentlich herunterbringen könnte. Er kümmerte sich weder um den Wind noch um sonst etwas. Ausnahmsweise hatte er einmal einen richtig mutigen Stier auf dieser *feria* bekommen. Es war der letzte Stier, und nichts konnte ihm den kaputtmachen. Und was er mit ihm machte, würden die Leute, die es sahen, ihr Leben lang nicht vergessen.

Er widmete den Stier Juan Luis, in dessen Landhaus wir den vorigen Tag verbracht hatten, und warf ihm grinsend seinen Hut zu. Dann machte er mit dem Stier alles, was eben nur die größten Matadore tun konnten, und er machte es besser. Er begann, ohne die Füße zu bewegen, mit Miguels beidhändigen Manövern, gestaltete die Linien reiner und ließ den Stier unter dem sanften Schwung seiner *muleta* hoch in die Luft steigen. Dichter konnten die Hörner unmöglich an ihm vorbeigehen. Dann ging er zu *naturales* über, tiefen, schönen, langsamen beidhändigen Manövern, und wickelte den Stier wieder und wieder und immer wieder um sich herum. Die Menge explodierte jedesmal.

Nachdem er gezeigt hatte, wie langsam und schön er arbeiten konnte, näherte er sich dem Stier und führte vor, wie gefährlich dicht er ihn an sich vorbeigehen lassen konnte. Er ließ dabei alle Vernunft außer acht, es schien, als kämpfe er in einer Art beherrschter Wut. Es war wundervoll, aber er hatte die Grenze des Unmöglichen längst hinter sich gelassen und tat unablässig und fortwährend Dinge, die eigentlich kein Mensch tun konnte, und dies mit heiterer und unbekümmerter Miene. Ich wollte, daß er aufhörte und endlich tötete. Aber er war wie berauscht, und er hatte das alles in dem von ihm ausgewählten Terrain getan, und jede Serie von Manövern war mit der nächsten verbunden, und jedes einzelne Manöver ebenfalls.

Endlich brachte er den Stier in Position, als ließe er ihn nur sehr ungern gehen, rollte die *muleta* ein und stieß zu. Er traf auf Knochen, und der Degen bog sich unter dem Aufprall. Ich machte mir Sorgen wegen seines

Handgelenks, aber er brachte den Stier aufs neue in Stellung, rollte ein und stieß wieder von hoch oben zu. Der Degen fuhr bis zum Heft hinein, und er stand mit erhobener Hand vor dem roten Stier und beobachtete ihn mit völlig ausdrucksloser Miene, bis er tot umkippte.

Er bekam beide Ohren, und als er an die *barrera* trat, um sich seinen Hut abzuholen, rief Juan Luis ihm auf englisch zu: „Too much!"

„Wie geht's Miguel?" fragte er mich.

Aus der Krankenstation hatte ich die Nachricht erhalten, daß die *cornada* die Bauchmuskulatur durchstoßen und das Bauchfell freigelegt hatte, aber nicht in den Darm gegangen war. Luis Miguel lag noch in Narkose.

„Er ist okay", sagte ich. „Der Darm ist nicht perforiert. Er schläft noch."

„Ich zieh mich um, dann gehen wir zu ihm", sagte er. Die Menge stürzte durch die Arena auf ihn zu, um ihn hinauszutragen, aber er stieß die Leute weg. Doch es waren zu viele, und schließlich hoben sie ihn auf ihre Schultern. Man brachte Luis Miguel aus dem getünchten Drei-Betten-Hospital der Stierkampfarena, in dem es heiß war wie in einer senegalesischen Gefängniszelle, auf einer Bahre in sein klimatisiertes Zimmer im „Royal", um ihn am nächsten Morgen nach Madrid zu fliegen. Antonio und ich waren, sobald Antonio sich umgezogen hatte, noch in der Arena bei ihm.

„Als ich noch *novillero* war, haben wir drei Matadore mal hier drin eine Nacht verbracht", sagte Antonio. „Da war es genauso heiß."

Luis Miguel war schwach und müde, aber guter Dinge, als wir ihn in der Krankenstation der Arena besuchten. Wir gingen sehr bald wieder, um ihn nicht zu ermüden. Er witzelte darüber, wie ich der Guardia Civil Befehle gegeben hätte, und Domingo erzählte, nachdem er aus der Narkose erwacht sei, habe er als erstes gesagt:

„Was für ein Mann wäre Ernesto, wenn er nur schreiben könnte." Drei Tage später sollten wir uns alle zusammen im Sanatoria Ruber in Madrid wiederfinden; Antonio in einem Bett in der dritten Etage, Luis Miguel in der ersten. Fünfzehn Tage später trugen sie ihren zweiten *mano a mano*-Kampf in Málaga aus. So war das in diesem Jahr.

Am nächsten Morgen brach die Gruppe, die seit Pamplona zusammen war, auseinander. Es war traurig, und keiner von uns wollte es eigentlich. Antonio kämpfte am nächsten Tag in Palma de Mallorca und einen Tag später in Málaga. Wir übrigen fuhren erst in Richtung Alicante, dann durch die Dattelpalmen und das fruchtbare, dicht bevölkerte flache Weide- und Ackerland der Provinz Murcia, vorbei an Lorca, hinauf in das wilde Bergland und durch die einsamen Täler mit den weißgetünchten Häusern der Dörfer und den Schaf- und Ziegenherden, den Staub der Straße hochwirbelnd, bis wir in der Dunkelheit am Eingang jener Schlucht, in der Federico García Lorca erschossen wurde, aus den Bergen herauskamen und die Lichter von Granada sahen. Wir übernachteten in Granada, genossen morgens die Kühle und Frische der Alhambra und kamen rechtzeitig zum Essen in La Consula an.

Am nächsten Morgen in Málaga erfuhren Bill und ich, daß Antonio in Palma de Mallorca verwundet worden war. Er sei im rechten Oberschenkel erwischt und aufgespießt worden, habe aber seine Arbeit mit der *muleta* glänzend beendet, gut getötet und ein Ohr bekommen. Nach dem Kampf sei er nach Madrid geflogen worden.

Wir versuchten, telefonisch Verbindung mit Madrid zu bekommen, aber es gab Verzögerungen von fünf Stunden und mehr. In dem Flugzeug, das abends nach Madrid ging, war kein Platz mehr frei, und auch für das am nächsten Morgen konnte man uns keinen Platz zusichern. Ich hatte den starken Verdacht, die Verletzung sei schwerer, als es sich anhörte, und Bill sagte: „Wenn du dir Sorgen machst, warum fahren wir dann nicht nach dem Mittagessen rauf? Die Straße kennen wir ja schließlich."

Also telegrafierte ich Carmen, wir würden am nächsten Morgen eintreffen, und grüßte sie von uns allen. Bill hatte die Theorie, daß die spanischen Straßen trotz ihrer gefährlichen Kurven und Gefälle und der vier Bergketten, die wir zu überqueren hatten, nachts sicherer zu befahren seien, weil die Straßen dann fast völlig frei waren von Karren und Herden und Privatautos. Die Fahrer der großen Lastwagen, die nachts ihren Fisch vom Mittelmeer in die Hauptstadt transportierten, und auch alle anderen Fernfahrer waren erfahrene Leute, die vernünftig fuhren und einem mit ihren Scheinwerfern nur nützlich sein konnten. Gewöhnlich versuchten wir tagsüber zu fahren, weil wir gern die Landschaft sahen, aber gegen Bills Nacht-Theorie war nichts einzuwenden, und wir kamen rechtzeitig nach Madrid, um noch etwas zu essen und schlafen zu können, bevor wir zu Antonio ins Krankenhaus gingen, als er gerade aufwachte.

Antonio hatte gut geschlafen. Er freute sich, uns zu sehen, und war heiter.

„Ich wußte, daß ihr kommen würdet", sagte er. „Ich wußte es, bevor Carmen das Telegramm bekam."

„Wie steht's?"

„Ist tiefer gegangen, als sie gedacht haben, und weiter rauf in den Muskel, als ich dachte. Schlecht für die Heilung ist, daß es in die Narbe einer alten Wunde gegangen ist. Genau in die Mitte."

„Was hast du denn gemacht?"

„Schuld ist man immer selbst. Aber falsch gemacht habe ich nichts."

„Der Wind?“

„Ja, aber es war eine andere Arena.“

Er wollte nicht darüber sprechen; nur über die technischen Einzelheiten der Verletzung und wie schnell sie verheilen würde.

„Nimm's nicht so schwer“, sagte ich. „Ich werde mit Manolo und Carmen sprechen und am Nachmittag wieder bei dir vorbeikommen.“

„Laß mich eine Botschaft an Miguel schicken. Ich schreibe sie, und Carmen kann sie dann an einer Schnur durchs Fenster runterlassen.“

Carmen war so glücklich und erleichtert, daß Antonios Verletzung nicht so schwer war und daß ihr Bruder mit seiner ebenfalls Glück gehabt hatte und gute Fortschritte machte, daß sie jetzt, jedenfalls äußerlich, genauso heiter war wie auf unserer Geburtstagsparty.

Antonio verfaßte seine Botschaft, und Carmen und Miguelillo, der Degenbewahrer, befestigten sie an einer mit einem Flaschenöffner beschwerten Schnur und ließen sie zu Miguels Fenster hinunter. Sie lautete: „Der Schriftsteller E. Hemingway fragt höflich an, ob der Stierkämpfer L. M. Dominguín geneigt ist, ihn zu empfangen.“ Zurück kam die Antwort: „Ja, mit großem Vergnügen, falls der Stierkämpfer A. Ordóñez nicht fürchtet, durch diesen Kontakt mit L. M. D.s Nesselsucht angesteckt zu werden.“

Luis Miguel ging es gut, und er war fröhlich und sehr herzlich. Seine Frau war schön, ruhig und charmant. Ich hatte den Eindruck, er habe alles, was ihn bedrückte, von sich abgewälzt, habe nachgedacht und sein altes Selbstvertrauen wiedergewonnen. Er machte sich jetzt keine Sorgen mehr, und die Tatsache, daß auch Antonio verwundet worden war, hatte ihn aufgeheitert.

Hauptattraktion der neun Kämpfe der *feria* von Málaga hatten Luis Miguel und Antonio sein sollen. Nun mußte man das Programm, so gut es ging, ohne sie über die Runden bringen. Aber über der *feria* lagen die Schatten von Luis Miguel und Antonio, und alle Matadore waren entschlossen, sie zu schlagen, selbst in ihrer Abwesenheit. Einen besseren Ort dazu hätten sie sich wahrscheinlich nicht aussuchen können.

II

Es war ein angenehmes Gefühl, die *feria* von Málaga überstanden zu haben und wieder ruhig auf La Consula zu leben. Abends nach dem Kampf waren wir zu Fuß von der Arena zum Hotel „Miramar" gegangen, manchmal hatten wir uns auch eine Pferdekutsche genommen. Die Bar dort und die Terrasse mit Meeresblick waren stets überfüllt mit Sommergästen, den Reichen der Stadt und einem Gemisch aus Stierkampffans, Anhängern, Kämpfern, Managern, Züchtern, Journalisten, Touristen, Schickeriatypen, Sommerperversen beiderlei Geschlechts, Bekannten, Freunden, Adligen, zwielichtigen Gestalten, Schmugglern aus Tanger, netten Leuten in Jeans, un-netten dito, alten Freunden, ehemaligen alten Freunden, Getränkeschnorrern und sonstigen schrägen Vögeln. Es war alles andere als das hübsche, gesunde, wenn auch anstrengende Leben in Pamplona oder als unser einfaches Leben in Valencia, aber bis zu einem gewissen Grade war es interessant und lustig. Ich trank nichts anderes als Campañas, den der Barkeeper in einem Eimer mit Eis hinter der Theke kalt hielt, und wenn die Unterhaltung die Lautstärke eines Vogelhauses im Zoo erreichte, gingen wir nach unten und sahen einem uns bekannten Pärchen beim Tanzen auf dem mit Brettern ausgelegten Boden zu; die Tische standen hier bis ans Meer. Aber wir waren froh, als es vorbei war, und es war sehr angenehm, nicht mehr von Leuten gefragt zu werden oder noch häufiger sich von ihnen Dinge erzählen zu lassen, die man zwar gesehen hatte, über die man aber nicht sprechen noch diskutieren wollte.

Antonio war aus dem Krankenhaus heraus. Er war auf Luis Miguels Ranch gefahren, um dort zu trainieren. Wir hörten nichts von ihm, außer daß der nächste Kampf am 14. August stattfinden sollte, falls Luis Miguel dann in Form wäre, und daß Antonio vor dem Kampf nach La Consula zum Trainieren kommen würde.

Drei Tage vor dem Kampf tauchte Antonio zusammen mit seinem Freund Ignacio Angulo auf, einem sehr netten Basken in etwa seinem Alter. Wir nannten ihn Natcho. Antonio sagte, das Bein mache ihm keinerlei Schwierigkeiten, aber die Wunde in dem vernarbten Gewebe sei viel langsamer verheilt als gewöhnlich. Er konnte den nächsten *mano a mano* mit Luis Miguel kaum erwarten, aber er wollte weder daran noch an Stierkampf überhaupt denken, und erst recht nicht darüber reden. Er wußte, wie gut ihm vor dem Kampf in Valencia der Tag am Strand getan hatte, und wir machten einfach da weiter, wo wir damals aufgehört hatten. Und dann, nach fröhlichen, unbeschwerten Mittagessen und langen schönen Abendessen und gutem Schlaf, war es plötzlich nur noch ein Tag bis zum Kampf. Niemand hatte den Kampf erwähnt, bis Antonio sagte: „Morgen ziehe ich mich im Hotel in der Stadt um."

Es war einer von den wirklich großen Stierkämpfen, die ich gesehen habe; für beide, Luis Miguel und Antonio, war es das Ernsteste in ihrem Leben. Luis Miguel hatte die schwere Verletzung von Valencia hinter sich, und diese Verletzung hatte ihm glücklicherweise sein Selbstvertrauen wiedergegeben, das Antonios unglaublich perfekte Arbeit, sein löwenhaft stürmisches Angreifen und sein Mut ihm geraubt hatten. Daß Antonio in

Palma de Mallorca aufgespießt worden war, hatte gezeigt, daß er nicht unverwundbar war, und Luis Miguel konnte von Glück sagen, daß er Antonios Arbeit mit dem letzten Stier im Kampf von Valencia nicht gesehen hatte. Ich kann mir kaum vorstellen, daß er sich ihm noch einmal gestellt haben würde, wenn er das gesehen hätte. Auf das Geld war Luis Miguel nicht unbedingt angewiesen, aber er liebte Geld, und vor allem die Dinge, die man dafür kaufen konnte. Wichtiger jedoch als alles andere war für ihn der Glaube, der größte Stierkämpfer der Gegenwart zu sein. Er war es nicht mehr, er war nur noch der zweitgrößte, und an diesem Tag war er wirklich sehr groß.

Antonio ging ebenso selbstbewußt wie in Valencia in den Kampf. Was auf Mallorca passiert war, war bedeutungslos. Er hatte einen kleinen Fehler gemacht, den er nicht mit mir diskutieren wollte, und er würde ihn nicht noch einmal machen. Er war sich seit langem sicher, daß er ein besserer Matador als Luis Miguel war. Zuletzt hatte er das in Valencia bewiesen, und er konnte es kaum erwarten, es an diesem Tag aufs neue zu beweisen.

Die Stiere kamen von der Ranch von Juan Pedro Domecq, und bis auf den ersten sahen sie alle ziemlich gleich aus. Zwei davon hätten allerdings andere Matadore als Luis Miguel und Antonio in Schwierigkeiten gebracht. Luis Miguel war blaß und sah ausgemergelt und erschöpft aus, als er seinen ersten Stier übernahm. Der Stier war gefährlich und stieß mit seinen Hörnern nach beiden Seiten. Luis Miguel beherrschte ihn mit erschöpfter Grazie. Es war kein Stier, bei dem er glänzen konnte, aber er ging intelligent und geschickt mit ihm um und machte alle Manöver, die die Verfassung des Stiers zuließ. Beim Töten ging er ordentlich hinein, aber der Degen rutschte seitlich ab, und die Spitze ragte hinter der Schulter des Stiers aus dem Fell. Ein *banderillero* zog den Degen mit einer Schwenkung seiner *capa* heraus, und Luis Miguel tötete den Stier mit dem *descabello*-Degen beim ersten Versuch. Ich sah vom Zaun aus zu und machte mir Sorgen wegen Luis Miguels Aussehen; ich hoffte, er habe seine Sicherheit mit dem Degen wiedergefunden. Dieses eine Mal war ein unglücklicher Zufall gewesen, aber es machte mich unruhig.

Was mich zusätzlich beunruhigte, waren die vielen anwesenden Fotografen und Filmleute, die noch keinerlei Stierkampferfahrung besaßen. Wenn der Matador mit dem Stier arbeitet, kann jede Bewegung, die der Stier wahrnimmt, ihn ablenken und zum Angreifen veranlassen und so die Herrschaft des Matadors mit seinem Tuch brechen, ohne daß dieser den Grund dafür erkennen kann. Im *callejón* weiß das jeder, und jeder dort achtet ständig darauf, seinen Kopf unter der Zaunoberkante zu halten, wenn er sich bewegt, und reglos stehenzubleiben, wenn der Stier einem gegenübersteht. Ein gewissenloser oder krimineller Stierkämpfer, der innerhalb der Arena am Zaun steht, könnte die Aufmerksamkeit des Stiers durch ein scheinbar unabsichtliches Zucken mit der *capa* auf sich ziehen und ihn so auf einen anderen Kämpfer hetzen, der gerade mit den Vorbereitungen zum Töten beschäftigt ist.

Antonios erster Stier kam heraus, und er übernahm ihn mit der *capa*, als erfinde er den Stierkampf in diesem Moment und wolle von Anfang an absolut perfekt sein. So kämpfte er den ganzen Sommer. An diesem Tag in Málaga übertraf er sich wieder einmal selbst, und er gestaltete die Bewegungen der jagenden, suchenden, drängenden Masse des Stiers zu reiner Poesie. Mit der *muleta* dann modellierte er sanft und langsam seine Manöver, machte die ganze lange *faena* zu einem Gedicht. Er tötete mit einer einzigen, perfekt plazierten *estocada*; der Degen stak anderthalb Zoll unterhalb des optimalen

Treffpunktes. Er bekam beide Ohren, und die Menge verlangte den Schwanz.

Luis Miguels zweiter Stier war ein Traber, und ich dachte, jetzt, wo die Dinge sich gewendet haben, hat er auch noch solches Pech. Es war schwer, den Stier dazu zu bringen, lange genug still zu stehen, um die Pferde anzugreifen, und die *picas*, die er erhielt, machten ihn auch nicht unbeweglicher. Miguel, der das alles ohne zu klagen hinnahm, tat mir immer mehr leid. Er konnte nicht rennen, konnte also keine *banderillas* anbringen, gab aber genaue Anweisungen, wohin er sie gesetzt haben wollte. Sie machten den Stier ein bißchen ruhiger.

Luis Miguel übernahm ihn mit langsamen, beidhändigen tiefen Manövern und begann seine Erziehung mit der *muleta*. Er trieb ihm den Hang zum Traben aus und hielt ihn so, daß er nur von einer Stelle aus angriff und dann dem Tuch in dem Rhythmus folgte, den er dem Stier vorschrieb. Er ließ ihn hoch und unter dem Tuch passieren und fing dann an, ihn mit tiefen, sanft schwingenden *naturales* zu bearbeiten; den Degen hielt er dabei in der Rechten, schräg von der Hüfte abgespreizt.

Groß, aufrecht und ohne zu lächeln, ohne sich aus dem Terrain zu entfernen, das er für die Arbeit mit dem Stier ausgewählt hatte, brachte Luis Miguel die *muleta* in die normale Augenhöhe des Stiers, damit sein Hals nicht verkrampfte, und begann ihn mit *naturales*, denen Joselito seine Zustimmung nicht versagt hätte, um sich kreisen zu lassen. Er schloß mit einem schönen *pase de pecho*, einem linkshändigen Manöver, bei dem das Horn des Stiers an seiner Brust vorbeiging, und ließ die Falten der *muleta* über den ganzen Körper des Stiers, von den Hörnern bis zum Schwanz, hinwegstreichen. Er brachte den Stier in Stellung, rollte die *muleta* um den Stab, zielte hoch und ging perfekt mit ganzer Kraft hinein. Damit war der dritte Stier dieses Kampfes mit einem einzigen

Degenstoß getötet worden. Miguel hatte ihm einen schönen Kampf geliefert, und er hatte ihn dazu erst aufbauen müssen. Jetzt beherrschte er den Degen wieder und hatte zugleich sein Selbstvertrauen zurückerlangt. Er kam mit abwehrendem Lächeln hinein, nahm bescheiden die beiden Ohren und den Schwanz und lief damit durch die Arena. Ich bemerkte, daß Miguel den rechten Fuß ein wenig schonte und nicht versuchte, es zu verbergen. Sein erster Stier hatte ihm auf den Fuß getreten. Ich wußte, daß er im rechten Bein Schmerzen hatte und sich nicht ganz sicher damit fühlte. Er war einfach wunderbar; nie habe ich ihn mehr bewundert.

Ich hätte nicht geglaubt, daß Antonio mit der *capa* noch besser sein könnte als bei seinem ersten Stier. Aber er war es. Als ich ihm vom Zaun aus zusah, versuchte ich herauszubekommen, wie er das fertigbrachte und immer wieder, und es so schön und bewegend machen konnte. Daß jedes Manöver so endlos wirkte und wie eine Skulptur aussah, lag daran, daß er es langsam und ganz dicht am Stier ausführte. Und was es so bewegend machte, war die vollkommene Natürlichkeit und die klassische Schlichtheit, mit der er beobachtete, wie der Tod an ihm vorbeiging, als weise er ihm den Weg und unterstütze ihn und mache ihn zu seinem Partner, und das in einem stetig sich steigernden Rhythmus.

Mit der *muleta* machte er diesmal zunächst, das rechte Knie im Sand, das Bein fast gestreckt, vier großartige tiefe Manöver, um den Stier unter Kontrolle zu bekommen. Jedes Manöver war mustergültig ausgeführt, aber es war keine kalte Arbeit. Er arbeitete so dicht, daß die Hörner jedesmal nur um Millimeter seine Oberschenkel oder seine Brust verfehlten. Er lehnte sich nicht ein einziges Mal an den Körper des Stiers, wenn das Horn vorbei war. Er gebrauchte keine Tricks, und die Zuschauer hielten bei jedem Manöver den Atem an. Ich war nie in

Sorge um Antonio während seiner *capa*-Arbeit, und auch während seiner ganzen wunderbaren *faena* nicht, obwohl jedes einzelne seiner Manöver zu den schwierigsten und gefährlichsten zählte, die es im Stierkampf gibt. Der Stier war gut, viel besser als der von Miguel. Antonio war glücklich, und er machte eine perfekte, schöne und tief bewegende *faena* mit ihm. Er dehnte sie nicht allzu lange aus, ging perfekt hinein und tötete seinen Freund mit einer einzigen *estocada*.

Nun waren vier Stiere mit jeweils nur einem Degenstoß getötet worden, und der Kampf war ein einziges Crescendo gewesen. Antonio erhielt beide Ohren, den Schwanz und einen Fuß. Er lief seine Ehrenrunde so glücklich und unbeschwert, als wären wir am Swimmingpool. Die Menge rief ihn noch einmal heraus, und er bat Luis Miguel und Don Juan Pedro Domecq, mit ihm hinauszugehen und die Ovationen in Empfang zu nehmen.

Jetzt war Luis Miguel an der Reihe. Er übernahm seinen Stier auf beiden Knien mit einer *larga cambiada* und ließ ihn mit dem Horn fast an sich herankommen, ehe er ihn mit der *capa* zur Seite schwenkte. Dieser Stier war gut, und Luis Miguel holte alles aus ihm heraus. Die *picas* waren gut gesetzt, und Luis Miguel ließ rasch die *banderillas* plazieren. Als er am Zaun stand, dachte ich, er sehe sehr müde aus, aber er schenkte seinem körperlichen Zustand keinerlei Beachtung, vermied jedes Hinken und kämpfte mit einer Leidenschaft, als wäre er ein hungriger Junge, der am Anfang seiner Karriere stehe.

Für die *muleta*-Arbeit hatte er den Stier in der Nähe des Zauns plaziert. Er hockte sich auf den *estribo*, die an der Innenseite der *barrera* entlanglaufende Holzleiste, die den Kämpfern beim Überspringen als Halt dient, stemmte den Rücken an die Planken und ließ den Stier fünfmal an seinem ausgestreckten rechten Arm vorbeigehen, der dem Stier mit dem ausgebreiteten roten Tuch den Weg wies. Der Stier kam jedesmal schnaubend und mit klappernden *banderillas* an ihm vorüber, die Hufe schwer auf dem Sand, das Horn dicht an Miguels Armen. Es sah selbstmörderisch aus, aber bei einem guten, in gerader Linie angreifenden Stier war das nur ein weniger gefährlicher Trick.

Danach führte Miguel ihn in die Mitte der Arena und begann, klassische Manöver mit der linken Hand vorzuführen. Er wirkte müde, aber zuversichtlich, und er arbeitete gut. Er machte zwei Serien von acht *naturales* in schönem Stil, und dann, bei einem rechtshändigen Manöver, bei dem der Stier von hinten auf ihn zukam, erwischte er ihn. Von meinem Standpunkt am Zaun aus schien das Horn in seinen Körper einzudringen, und der Stier schleuderte ihn gut sechs Fuß oder höher in die Luft. Arme und Beine weit von sich gestreckt, Degen und *muleta* fortgeworfen, fiel er kopfüber auf die Erde. Der Stier trat auf ihn und verfehlte ihn zweimal nur knapp mit dem Horn. Alles stand mit ausgebreiteten *capas* bereit, und diesmal war es sein Bruder Pepé, der über die *barrera* sprang und Miguel aus dem Gefahrenbereich zog.

Er war im Nu wieder auf den Beinen. Das Horn war nicht eingedrungen, sondern zwischen den Beinen hindurchgegangen, es hatte ihn nur hochgeworfen und nicht verletzt.

Miguel beachtete gar nicht, was der Stier ihm angetan hatte, er winkte alle anderen fort und führte seine *faena* weiter. Er wiederholte das Manöver, bei dem der Stier ihn erwischt hatte, und wiederholte es noch einmal, als wollte er sich und dem Stier eine Lektion erteilen. Dann ging er zu anderen Manövern über, dicht und mit mathematischer Korrektheit, ohne dem, was der Stier mit ihm gemacht hatte, irgendeine Bedeutung beizulegen. Er machte die Manöver einfühlsamer und ein bißchen trickreicher. So gefiel es dem Publikum besser. Aber er kämpfte sauber und gut und unterließ Tricks wie den mit dem Telefon. Er tötete gut. Er stieß den Degen hinein, als ob er nie im Leben Schwierigkeiten damit gehabt hätte. Er bekam alles, wie Antonio, und er hatte es verdient. Nach seiner Ehrenrunde durch die Arena, bei der er sein Hinken nicht mehr verbergen konnte, da das Bein jetzt fast steif geworden war, rief er Antonio heraus, um mit ihm zusammen der Menge die Reverenz zu erweisen. Der Präsident sprach auch dem Stier eine Ehrenrunde zu.

Fünf Degenstöße hatten fünf Stieren den Tod gebracht. Als der letzte Stier hereinkam, erstarb das Lärmen der Menge, während Antonio mit der *capa* dicht an ihn heranging und seine langen, langsamen magischen Manöver begann. Da schrie die Menge bei jedem Manöver auf.

Nach der *pica* schien der Stier ein wenig zu hinken, obwohl sie gut plaziert war. Ich glaube, er hatte sich den Vorderfuß an der *pica* gestoßen, als er das Pferd durch den schweren Schutzpanzer anzugreifen versuchte. Dieses Lahmen gab sich schließlich oder ließ jedenfalls nach, als Ferrer und Joni die *banderillas* setzten, aber als Antonio den Stier mit der *muleta* übernahm, war er noch immer ein wenig unsicher in seinen Angriffen und bremste öfter mit den Vorderhufen ab, statt den Angriff zu Ende zu führen.

An die Zaunplanken gelehnt, sah ich zu, wie Antonio damit fertig wurde. Er nahm den kurzen Angriff des Stiers aus nächster Nähe auf und zog ihn dann gewandt in die Länge. Es gelang ihm, den Stier auf die langsame Bewegung seiner *muleta* einzustimmen, und er dehnte, ihn mit dem Tuch fixierend, seine Angriffe fast unmerklich aus, bis der Stier das rote Tuch schließlich aus annehmbarer Entfernung angriff und gut an ihm vorbeiging. Nichts davon war für die Menge erkennbar. Die Leute sahen bloß, wie ein Tier, das zögerlich und widerwillig angriff, sich in ein Tier verwandelte, das perfekt angriff und außerordentlich mutig zu sein schien. Sie wußten nicht, daß der Stier – hätte Antonio einfach vor seinen Augen gearbeitet und ihnen zu zeigen versucht, daß er ihn nicht passieren wollte, wie es die meisten Matadore täten – ihn nie von allein passiert hätte und daß der Matador nur halbe Manöver mit ihm hätte ausführen können. Statt dessen brachte er ihm bei, ordentlich anzugreifen und mit den Hörnern vollständig an ihm vorbeizugehen. Er brachte ihm die wirklich gefährlichen Angriffe bei und lenkte und verlängerte die Gefahr dann durch die magische Gewalt seines Arms und seines Handgelenks, bis er auch mit diesem Stier die schönen, wie gemeißelt aussehenden Manöver machte wie mit den beiden anderen, mit denen er leichteres Spiel gehabt hatte. Nichts davon war erkennbar, und nachdem er all die großartigen Manöver mit diesem Stier gemacht hatte, und zwar in derselben Reinheit der Linien und mit demselben Gespür für ihre Dichte und ihre bewußt gesteuerte Gefährlichkeit, da dachte das Publikum, er hätte eben wieder einmal ein großartiges, edles Tier gezogen.

Seine *faena* mit diesem Stier war gefühlvoll und perfekt, er beherrschte ihn mit langen, langsamen Manövern, und bei jedem einzelnen von ihnen hätte der Stier seinen Angriff sofort abgebrochen, sich vom Tuch gelöst und ihn aufgespießt, falls er es schneller ausgeführt oder auch nur eine abrupte Bewegung gemacht hätte. Diese Art zu kämpfen ist die gefährlichste von allen, und mit diesem letzten Stier hielt er ein wahres Seminar darüber ab.

Es blieb ihm nur noch eins zu tun. Er mußte ihn absolut perfekt töten, durfte sich nicht schonen; den Degen

Beginn der Feier zu Hemingways 60. Geburtstag am 21. Juli 1959 gegen Mittag am Swimming-pool in La Consula. Bill Davis sitzt links, Hemingway spricht mit Gianfranco Ivancich, und rechts sitzt General Buck Lanham mit Dr. George Saviers aus Sun Valley, Idaho. Mary Hemingway sitzt am Pool und spricht mit Señora Ivancich und Mrs. Saviers. Foto von Cano.

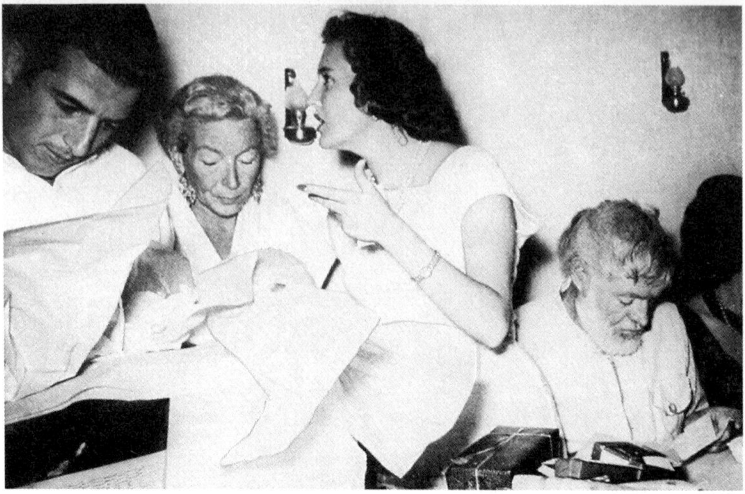

Beim Auspacken der Geschenke am Abend: Antonio Ordóñez, Mary Hemingway, Carmen Ordóñez (die ebenfalls Geburtstag hatte), Ernest Hemingway. Foto von Cano.

An dem von Mary Hemingway für die Party gemieteten Schießstand schießt Ernest Hemingway Antonio Ordóñez eine brennende Zigarette aus dem Mund. Links Buck Lanham. Foto von A. E. Hotchner.

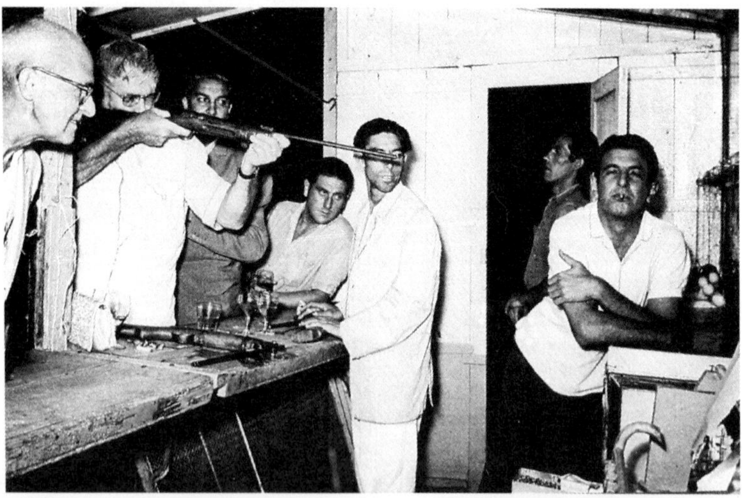

Hemingway während der *feria* von Pamplona 1959. Foto von Cano, mit freundlicher Genehmigung der John F. Kennedy Library.

Hemingway in der Bar „Choko“ mit A. E. Hotchner und Mary Schoonmaker, einer der „Gefangenen“, die die Gruppe auf der *feria* von Pamplona nahm. Foto mit freundlicher Genehmigung von A. E. Hotchner.

Ernest Hemingway am Strand von Málaga. Foto von A. E. Hotchner.

Dominguín, auf die Hörner genommen von seinem dritten Stier bei dem *mano a mano*-Kampf mit Ordóñez. Foto © Larry Burrows.

A. E. Hotchner wird auf seinen Auftritt als Ersatzmann für den *mano a mano*-Kampf zwischen Ordóñez und Dominguín in Ciudad Real vorbereitet. Hemingway, Bill Davis und Ordóñez schauen zu. Foto von Larry Burrows, LIFE Magazine © 1960 TIME INC.

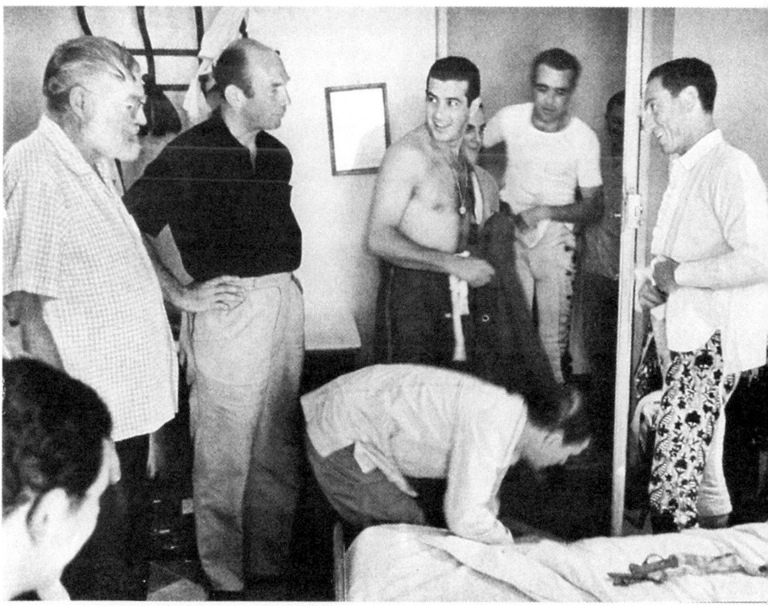

Luis Miguel Dominguín bei einem *pase natural*. Bayonne 1959. Foto von Cuevas, mit freundlicher Genehmigung der John F. Kennedy Library.

Dominguín läßt den Stier an der *barrera* dicht an sich vorbeischießen, „ein ziemlich gefährlicher Trick“. Foto von Cuevas.

Antonio Ordóñez bei einer *remate* am Ende einer Serie von *veronicas*. Sevilla 1959. Foto von Cuevas, mit freundlicher Genehmigung der John F. Kennedy Library.

Ordóñez (links) und Dominguín vor ihrem *mano a mano*-Kampf in der Arena von Málaga. Foto von Larry Burrows, LIFE © 1960 Time Inc.

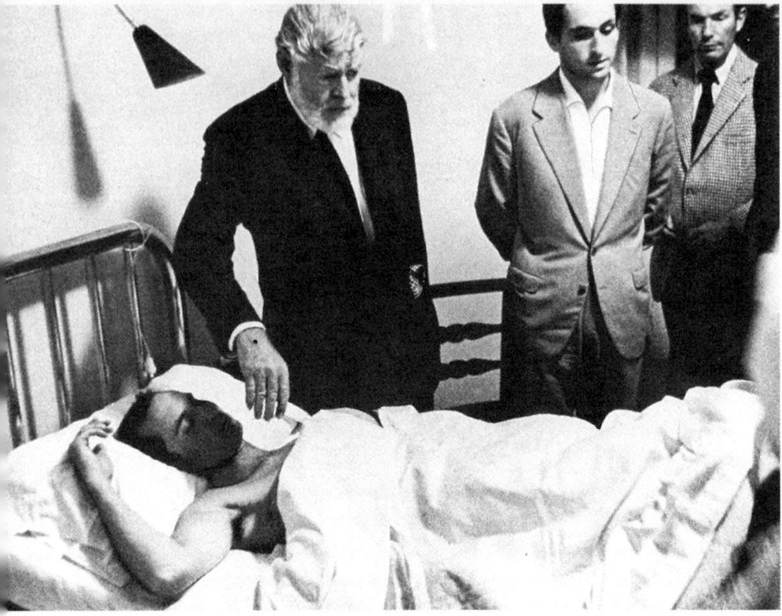

Hemingway an Dominguíns Krankenbett, nachdem der Stierkämpfer in Bilbao aufgespießt worden war. Rechts Bill Davis. Foto © Larry Burrows.

Hemingway und Ordóñez besprechen sich am Rand der Arena. Bayonne 1959. Foto von Fournol, mit freundlicher Genehmigung der John F. Kennedy Library.

keine Spur zu tief oder zu weit seitlich hineinstoßen, was zwar immer noch akzeptiert worden wäre, aber das Risiko verringert hätte, auf Knochen zu stoßen. Nachdem er die *muleta* eingerollt und zum Degen gegriffen hatte, zielte er auf den höchsten Punkt der Kerbe zwischen den Schulterblättern und ging über den Hörnern hinein, wobei die linke Hand mit dem Tuch den Stier unten hielt. Er und der Stier waren ein Ganzes, und als er über dem Horn zurückkam, hatte der Stier den langen stählernen Tod bis zum Heft in sich; seine Aorta war durchschnitten, Antonio beobachtete, wie er mit den Füßen zuckte, taumelte, auf die Seite stürzte. Dann war der zweite *mano a mano* vorüber.

Was noch blieb, war die Hysterie der Menge, die Ohren, der Schwanz, der Huf, die Ehrenrunde des Stiers, der Triumphzug der beiden Matadore und des Chefhirten von Domecq, der die Stiere von der Ranch zur Arena gebracht hatte, die nun auf den Schultern der Menge zum Hotel „Miramar" getragen wurden. Es blieben die nachträglichen Erörterungen, das leere, gereinigte Gefühl nach einem großen Kampf, die Dinge, die wir zueinander sagten, das nächtliche Essen auf La Consula. Und früh am Morgen darauf waren wir schon wieder mit einem gecharterten Flugzeug unterwegs, um das Ganze, falls wir Glück hatten, in der Arena von Bayonne in Frankreich zu wiederholen.

Die Statistik war uns per Telegramm und Radio vorausgeeilt: zehn Ohren, vier Schwänze, zwei Hufe. Aber all das bedeutete nichts. Wichtig war allein, daß die beiden Schwager einen nahezu perfekten Stierkampf ausgetragen hatten, von keinerlei Tricks der Kämpfer oder zwielichtigen Machenschaften der Manager oder Veranstalter getrübt.

12

Der morgendliche Flug von Málaga über die Berge und die Hochebene der Mancha und Kastiliens war schön, und als ich die vielen steilen, zerklüfteten Bergketten sah, wurde mir erst richtig klar, wie schwierig diese Strecke mit dem Auto zu fahren sein mußte. Aber vor unserer Landung in Madrid, wo wir uns nach Frankreich einchecken lassen wollten, konnte ich eine Zeitlang das gelbe Land mit seinen Straßenbändern und den bräunlichen Städten nicht so recht würdigen, da der Pilot und der Kopilot ihre Plätze Luis Miguel und Antonio überlassen hatten. Soweit ich wußte, hatte keiner von beiden damals einen Pilotenschein, und ich kenne kein anderes Land, in dem so etwas möglich wäre. Offenbar ging man davon aus, daß Stierkämpfer schlichtweg alles können; ich saß während der jähen Höhenschwankungen und exzentrischen Bewegungen des Flugzeugs wie auf glühenden Kohlen, als ich auf die jetzt unfreundliche Erde hinabsah, bis der Pilot wieder seinen Platz einnahm.

Der neue Flughafen von Biarritz lag mitten im Grünen, er war gut angelegt und gut in Schuß. Von der Biscaya her hatte es starken Regen und Sturm gegeben, und Bayonne roch wie frisch gewaschen, als am Nachmittag die Sonne herauskam. Die Stadt war voll, und das eine freie Zimmer im Hotel nahmen Antonio und ich gemeinsam; wir arrangierten es so, daß ich es übernahm, wenn er nach dem Kampf abreiste. Er mußte am nächsten Tag in Santander an der spanischen Westküste kämpfen und von dort weiter nach Ciudad Real fahren, wo er und Luis Miguel am 17. August einen weiteren *mano a mano* auszutragen hatten. Ich wollte in Bayonne übernachten und mir am 16., während Antonio in Santander kämpfte, Luis Miguel ansehen, um anschließend mit ihm nach Madrid zu fliegen und von dort nach Ciudad Real weiterzufahren. Die Arena war seit mehreren Tagen ausverkauft. Der Sand war naß und schwer, obwohl die Sonne jetzt schien. Die Stiere waren klein, gemessen an höchsten Ansprüchen, und bei einigen waren die Hörner so stark gekürzt und, damit sie natürlich aussahen, neu gespitzt und poliert worden, daß ich diese *corrida* unmöglich als echten Kampftest zwischen den beiden Männern ansehen konnte.

Luis Miguel hatte ein schlimmes steifes Knie von seinem Sturz in Málaga. Es war über Nacht steif geworden, und der lange Flug hatte es nicht gerade besser gemacht. Er hatte kein Vertrauen zu seinem Fahrgestell, und ihm war klar, daß er seine Sicherheit verloren hatte. Einen ordentlichen Todesstoß konnte er nur vortäuschen. Zwei seiner Stiere waren schwierig, und von seiner meisterhaften Beherrschung schwieriger Stiere war nichts mehr zu merken. Sein zweiter Stier war außerordentlich gut, und er wappnete sich gegen Unsicherheit und Schmerzen und arbeitete nicht schlecht mit der *capa*, dann machte er eine ausgezeichnete *faena*, die er mit den Tricks abschloß, die das Publikum liebte und von ihm erwartete. Bei der *muleta*-Arbeit sah er sehr gut aus. Er verfiel rapide, und das war echt tragisch, auch wenn es zu diesem Zeitpunkt noch kaum jemand merkte; aber er bemühte sich, nicht zu hinken, und suchte bei keinem seiner Stiere nach Ausflüchten. Luis Miguel tötete seinen einen guten Stier mit einem Degen, der fast senkrecht hineinging, als er den Arm krümmte. Aber er war richtig plaziert, und er bekam beide Ohren. Mit seinem letzten Stier machte er gar nichts, er litt bloß tapfer und versuchte, das für sich zu behalten. Er tat mir sehr leid, denn ich war davon überzeugt, daß er in Málaga einen Gipfel erreicht hatte, den er nie wieder erreichen konnte.

Antonio vernichtete ihn gnadenlos mit seinen drei

Stieren. Zwei seiner Stiere waren besser als die von Miguel, aber nach Miguels trauriger Vorstellung mit seinem ersten minderwertigen Stier drehte Antonio auf wie ein Rennfahrer, der einen lahmen Konkurrenten überholt, und gab wiederum eine perfekte und glänzende Vorstellung mit *capa, muleta* und Degen. Er erhielt beide Ohren. Da Luis Miguel darauf mit guter Arbeit bei seinem nächsten Stier geantwortet und ebenfalls beide Ohren bekommen hatte, zog Antonio bei seinem nächsten Stier das Tempo an und deklassierte Miguel mit einer Vorstellung, an die kein Stierkämpfer der Welt herankommen konnte. Er gab viermal soviel, wie er geben mußte, um Miguel zu schlagen. Er brauchte nur eine einzige *estocada* und erhielt danach beide Ohren und den Schwanz. Vom Zaun aus konnte ich sehen, daß er den Degen eine winzige Spur senkte, um sicherzugehen. Aber er profilierte dicht, holte mit offenem Mund tief Luft und stieß den Degen über die Hörner hinein.

Als Miguel schließlich mit seinem letzten Stier auch noch Pech hatte, reagierte Antonio schonungslos. Er überbot seine letzte Vorstellung noch, machte sie noch kompakter, noch gefährlicher, fügte einiges hinzu, von dem er wußte, daß es dem Publikum gefiele, und dann versuchte er, zum Töten in die allerhöchste Stelle zwischen den Schulterblättern hineinzustoßen. Er traf auf Knochen, versuchte es noch einmal und schaffte es, und der Stier starb so, wie sein letzter Stier am Tag zuvor gestorben war. Er bekam beide Ohren und war schon unterwegs nach Santander, als ich aufs Zimmer kam; ein Paar verdreckter Kampfschuhe lag noch auf dem Badezimmerboden.

Am nächsten Abend saßen wir in der langen Dämmerung mit einem Drink auf der Terrasse des reizenden Flughafens von Biarritz mit Miguel und seinen alten Freunden, die ich am Tag zuvor beim Essen kennengelernt hatte. Dann flogen wir in einem Charterflugzeug nach Madrid. Am nächsten Tag sollten Luis Miguel und Antonio wieder *mano a mano* in Ciudad Real kämpfen, 197 Kilometer südlich von Madrid, an der Grenze zu La Mancha. Die Kämpfe waren alle hart, aber dieser sollte schlimm werden. Es würde der dritte *mano a mano* innerhalb von vier Tagen sein. Am folgenden Tag würde Antonio weit im Norden Spaniens, in Bilbao im Baskenland, kämpfen; Miguel einen Tag später ebenfalls. Alle waren müde, und wir schliefen, bis wir spürten, wie das Flugzeug in Barajas aufsetzte.

Seit Pamplona hatten Hotch und Antonio immer wieder ihre Identitäten getauscht. Antonio war sehr stolz darauf, zwei verschiedene Identitäten zu haben. Die eine war der Mann, die andere der Torero. Wenn er sich privat einmal ausruhen wollte, nahm er Hotchs Identität an; er nannte ihn Pecas oder El Pecas, „Sommersprossen". Er bewunderte Hotch und mochte ihn sehr.

„Pecas", sagte er dann. „Du bist Antonio."

„Gut, Pecas", antwortete dann Hotch. „Dann setz dich mal an die Arbeit, an das Szenario für Papas Story."

„Sag ihm, ich sei schon dran. Es ist halb fertig", sagte Antonio dann zu mir. „Das war vielleicht ein Tag heute! Habe geschrieben und Baseball gespielt!"

Um Mitternacht am Tag vor einer *corrida* sagte Antonio dann immer: „Jetzt bist du wieder Pecas. Und ich bin wieder Antonio. Oder würdest du gern von jetzt an Antonio sein?"

„Sag ihm, er kann ruhig wieder Antonio sein", meinte Hotch dann zu mir. „Ich hab nichts dagegen. Aber zur Sicherheit sollten wir vielleicht lieber unsere Uhren vergleichen."

Mitternacht war längst vorüber an dem Tag vor dem *mano a mano* in Ciudad Real. Antonio wollte, daß Hotch sich in seinem Zimmer einen seiner Anzüge anzog und mit in die Arena käme, als Ersatzmatador oder *sobresaliente*, der die Stiere töten müßte, falls Luis Miguel und Antonio beide verletzt würden. Er wollte, daß Hotch auch am Tag des Kampfes und während des Kampfes als Antonio herumliefe. Das verstieß gegen sämtliche Vorschriften, und ich weiß nicht, wie schwer Hotch bestraft worden wäre, wenn jemand ihn erkannt hätte. Natürlich wäre er nicht wirklich der *sobresaliente*, aber Antonio wollte, daß er sich das einbildete. Er würde als zusätzlicher *banderillero* mit Antonio hineingehen, und jeder würde ihn für den Ersatztöter halten.

„Willst du das machen, Pecas?" fragte Antonio Hotch.

„Natürlich", sagte Hotch. „Wer würde das nicht?"

„Bravo, Pecas. Verstehst du jetzt, warum ich gern Pecas bin? Wer würde das nicht."

In dem überfüllten, lärmenden Speisesaal des alten, dunklen Hotels mit den schmalen Stiegen und den Zimmern ohne Dusche oder Bad nahmen wir ein gutes ländliches Essen ein. Ciudad Real war gerammelt voll mit Leuten aus allen Dörfern der Umgebung. Es liegt am Rand eines großen Weinbaugebietes. Es wurde viel und begeistert getrunken. Hotch und Antonio zogen sich in Antonios kleinem Zimmer um; es war die sorgloseste Vorbereitung auf einen Stierkampf, die ich je miterlebt habe. Miguelillo kleidete die beiden an.

„Was genau muß ich machen?" fragte Hotch.

„Mach mir alles genau nach, wenn wir auf den Einzug warten. Juan wird dich an die richtige Stelle bringen und sich um dich kümmern. Dann gehst du genauso heraus wie wir und machst mir alles nach. Dann gehst du hinter die *barrera* und bleibst bei Papa und tust genau, was er sagt."

„Was soll ich machen, wenn ich die Stiere töten muß?"

„Was ist das denn für eine Einstellung?"

„Ich frag ja nur."

„Papa wird dir auf englisch alles genau erklären. Wie kannst du da in Schwierigkeiten kommen? Papa wird alle Fehler erkennen, die ich oder Miguel machen. Das ist sein Geschäft. Damit verdient er sein Geld. Dann wird er dir unsere Fehler erklären, und du hörst aufmerksam zu und unterläßt sie dann. Dann wird er dir sagen, wie der Stier zu töten ist, und du wirst dich einfach daran halten."

„Denk dran, daß du bei deinem ersten Auftreten nicht gleich die Matadore in den Schatten zu stellen brauchst, Pecas", sagte ich. „Das wäre nicht freundlich. Warte damit wenigstens, bis du der Gewerkschaft beigetreten bist."

„Kann ich der Gewerkschaft nicht gleich beitreten?" fragte Hotch. „Ich hab Geld in meiner Brieftasche."

„Denk nicht ans Geld", sagte Antonio, nachdem ich übersetzt hatte. „Mach dir wegen der Gewerkschaft oder irgendwelcher geschäftlichen Angelegenheiten keine Sorgen. Denk nur daran, wie großartig du sein wirst, und daran, wie stolz wir auf dich sein werden und wie sehr wir dir vertrauen."

Schließlich überließ ich sie ihrer Andacht und ging runter, um mich mit den anderen zu treffen.

Als sie nach unten kamen, hatte Antonio sein übliches finsteres, reserviertes, konzentriertes Vor-dem-Stierkampf-Gesicht, die Augen fast geschlossen, als Abwehr gegen alle Außenstehenden. Hotchs Sommersprossengesicht mit dem Baseballspielerprofil war das eines erfahrenen *novilleros*, der seiner ersten großen Chance entgegengeht. Er nickte mir finster zu. Kein Mensch konnte erkennen, daß er kein Stierkämpfer war, und Antonios Anzug saß ihm wie angegossen.

Dann waren wir in der Arena und warteten unter der

Tribüne an der getünchten Mauer vor dem roten Tor. Hotch sah perfekt aus, wie er, den Rücken an die Mauer gelehnt, zwischen Antonio und Luis Miguel stand.

Antonio war in Gedanken schon beim Kampf, und er versetzte sich jetzt in jenen Zustand des Nichts, in dem er immer war, bevor das Tor aufschwang. Bei Luis Miguel war es schon seit langem so, daß seine Gedanken vom Stierkampf nicht mehr loskamen, seit Málaga noch in verstärktem Maße. Ich ging umher und sah die *picadores* ihre Pferde besteigen, und damit war es Zeit für mich, vom Tor aus um die Arena in den *callejón* zu gehen und mich zu Miguelillo zu stellen, der nach Beendigung des *paseo* die Ausrüstung herausreichen und auf Antonio und Hotch warten würde. Ich sprach mit den *banderilleros* und mit Luis Miguel und Antonio.

Jemand kam dazu und fragte mich: „Wer ist der *sobresaliente*?"

„El Pecas", antwortete ich.

„Ah", nickte er.

„Suerte, Pecas", sagte ich zu Hotch.

Er nickte flüchtig. Auch er versuchte, in den Zustand des Nichts zu kommen.

Ich ging um die Arena, dorthin, wo Miguelillo und sein Gehilfe die Kampf-*capas* und die noch in der Scheide steckenden Degen zurechtlegten, die *muletas* falteten und die Schrauben an den Holzstäben der *muletas* nachzogen. Ich nahm einen Schluck aus dem Wasserkrug und sah, daß die Arena nicht voll sein würde.

„Was macht Pecas?" fragte ich Miguelillo.

„Er betet in der Kapelle für die Gesundheit der anderen Kämpfer", sagte ich.

„Paß auf ihn auf", sagte Domingo Dominguín zu mir. „Jeder Stier kann springen."

Der *paseo* hatte angefangen. Wir alle beobachteten Pecas. Er setzte seine Schritte genau im richtigen Maß von

Bescheidenheit und ruhiger Zuversicht. Dann wandte ich meinen Blick von ihm zu Miguel, um zu sehen, ob er hinkte. Er hinkte nicht. Er sah gut und zuversichtlich aus, aber seine Miene trübte sich, als er auf den Rängen die leeren Sitzplätze entdeckte. Antonio zog wie ein Eroberer ein. Er sah die leeren Plätze, beachtete sie aber nicht weiter.

Hotch kam in den *callejón* und stellte sich zu mir.

„Was mach ich jetzt?" fragte er leise.

„Bleib bei mir und schau intelligent und entschlossen drein, aber nicht zu eifrig."

„Kenne ich dich?"

„Nicht besonders gut. Ich hab dich mal kämpfen sehen. Ein Kumpel von mir bist du nicht."

Luis Miguels erster Stier war in die Arena gekommen. Er hatte einen kleinen, einen mittleren und einen großen gezogen und sich als erstes für den mittleren entschieden. Er ließ ihn mit der *capa* passieren und schien sein schlimmes Bein nicht zu schonen. Die Menge jubelte bei jedem Manöver.

Mit der *muleta* bearbeitete Luis Miguel den Stier dicht vor uns. Er fing gut an, in schönem Stil, steigerte sich, wurde allmählich sehr gut, und dann begann der Stier, der zu viele *picas* bekommen hatte und eine Menge Blut verlor, nachzulassen. Die *picas* hatten ihm einen Blutverlust beigebracht, aber seine Halsmuskeln nicht ermüdet. Luis Miguel mußte siebenmal hineingehen und tötete ihn schließlich erst mit dem zweiten Stoß des *descabello*-Degens.

„Was war der Grund?" fragte Hotch.

„Vieles", sagte ich. „Zum Teil Schuld des Stiers, zum Teil seine."

„Ob es mit ihm wieder so weit kommt, daß er nicht mehr töten kann?"

„Keine Ahnung. Der Stier hat ihm kein bißchen geholfen, aber er konnte seine linke Hand nicht unten halten, und er konnte auch nicht hineinstoßen."

„Warum ist es so schwierig, die linke Hand unten zu halten?"

„Weil es lebensgefährlich ist."

„Verstehe", sagte Hotch.

Antonios erster Stier kam heraus, und er machte seine langsamen, schönen *capa*-Manöver mit ihm. Aber er hatte als erstes seinen kleinen Stier genommen, und das Publikum nahm den Stier nicht ernst. Die Stiere waren von Gamero Civico aus Salamanca, und sie waren ungleich verteilt. Zwei kleine, ein ziemlich großer und drei mittelgroße. Als Antonio merkte, daß sie den Stier bei seinen klassischen, echten Manövern mit der *muleta* nicht richtig ernst nahmen, ging er zu den Manolete-Manövern über, bei denen jeder Stier gut aussieht, und zeigte ihnen alle alten Manolete-Sachen. Während er den Stier passieren ließ, blickte er in die Menge. Er tötete, eine Spur zu niedrig und etwas zu seitlich, mit einer einzigen *estocada* und bekam ein Ohr.

Luis Miguels nächster Stier war groß und sehr kräftig. Er rannte das Pferd beim ersten Angriff über den Haufen, und die *picadores* versuchten ihr Bestes, ihm die Kraft und den Kampfgeist zu nehmen. Er wurde so schwer verwundet, daß nur noch ein Paar *banderillas* gesetzt wurde.

Luis Miguel übernahm den schon halb zerstörten Stier und versuchte eine gute *faena* mit ihm zu machen. Es gelangen ihm einige ausgezeichnete Manöver, aber er konnte sie nicht miteinander verbinden, abgesehen von ein paar Wendemanövern, bei denen er sich fast auf den Stier zu stützen schien, als er ihn um sich herumführte.

Der Abschluß gelang Luis Miguel gut, er bekam den Degen bis zum Heft hinein und durchtrennte das Rükkenmark mit dem *descabello*-Degen beim ersten Versuch.

Er bekam ein Ohr, mit dem er eine Ehrenrunde durch die Arena lief; dann grüßte er die Menge von der Mitte der Arena. Ein Teil des Publikums war nicht begeistert und zeigte das auch.

Draußen auf dem Sand hatte Antonio mit seiner langsamen, zauberhaften *capa*-Arbeit begonnen. Der Stier griff schnell und gerade an, und die mit viel Gefühl gehaltene *capa* füllte und blähte sich und bewegte sich vor ihm her, genau mit seiner Geschwindigkeit, immer nur Millimeter vor seinen suchenden Hörnern. Bei den *picadores* und den *banderilleros* achtete Antonio sehr darauf, daß dem Stier nichts geschah. Mit der *muleta* machte er als erstes vier Manöver, aufrecht stehend wie eine Statue, die Füße geschlossen, ohne sie ein einziges Mal zu bewegen, bis der Stier zum viertenmal unter der *muleta* vorbeigegangen war und mit seinen Hörnern Antonios Brust gestreift hatte. Die Musik setzte ein, und er begann den Stier zunächst in langsamen Viertelkreisen um sich herumgehen zu lassen, dann in Halbkreisen und schließlich in ganzen Kreisen.

„Unglaublich", sagte Hotch.

„Er schafft auch anderthalb Kreise."

„Er läßt von Luis Miguel nicht viel übrig."

„Miguel wird's schon schaffen, wenn sein Bein in Ordnung ist", sagte ich und hoffte, daß ich mich nicht irrte.

„Trotzdem nimmt ihn das irgendwie mit", sagte Hotch. „Beobachte mal sein Gesicht."

„Der Stier ist ungeheuer gut", sagte ich.

„Nein, es liegt an was anderem", meinte Hotch. „Antonio ist ein Übermensch. Er macht am laufenden Band Sachen, die ein Mensch überhaupt nicht machen kann. Sieh dir mal Luis Miguels Gesicht an."

Ich sah hin, und es war still, traurig und tief beunruhigt.

„Er sieht Gespenster", sagte Hotch.

Antonio machte Schluß; er brachte den Stier in Stellung, zielte, holte tief Luft und ging über die Hörner hinein; die *muleta* tief und schleifend. Er tötete mit einem einzigen Degenstoß, der bis zum Knauf hineinfuhr, und der Stier fiel tot um. Man schnitt ihm beide Ohren und den Schwanz ab und brachte sie ihm. Er kam an uns vorbei, grinste mich an und schien Hotch gar nicht wahrzunehmen. Ich ging zu ihm, um mit ihm zu sprechen.

„Sag Pecas, er sieht großartig aus." Die letzten Worte sprach er auf englisch. „Hast du ihm schon erklärt, wie er töten muß?"

„Noch nicht."

„Dann erklär's ihm."

Ich ging wieder zu Hotch, und wir sahen Luis Miguels Stier herauskommen. Es war sein kleiner.

„Was hat Antonio gesagt?"

„Er sagte, du sähest großartig aus."

„Das ist leicht getan", sagte Hotch. „Sonst noch etwas?"

„Daß ich dir erklären soll, wie man tötet."

„Es wäre nützlich, das zu wissen. Meinst du, ich werde ranmüssen?"

„Glaub ich kaum; es sei denn, du willst dafür bezahlen, den Ersatzstier töten zu dürfen."

„Was würde das kosten?"

„Vierzigtausend Pesetas."

„Kann ich das mit meiner Diners-Club-Karte bezahlen?"

„In Ciudad Real bestimmt nicht."

„Dann sollte ich das wohl sein lassen", sagte Hotch. „Ich hab nie mehr als zwanzig Dollar in bar bei mir. Das lernt man hier an der Küste."

„Ich kann dir Geld leihen."

„Schon gut, Papa. Ich werde nur töten, wenn ich für Antonio einspringen muß."

Wenige Schritte von uns entfernt arbeitete Luis Miguel allein mit seinem Stier. Sie gaben beide ihr Bestes, aber nach Antonios Vorstellung konnten die beiden nur noch bei ihren persönlichen Freunden Beifall finden, und die persönlichen Freunde des Stiers waren nicht anwesend. Er zeigte, wie ein ordentlich nach Auftrag und Maß gebauter Salamanca-Stier sich aufzuführen hatte, und Miguel zeigte, wie er und Manolete früher die Menge mit diesen nach Maß hergestellten Sachen in Aufregung versetzt hatten, bis ein Miura einmal seinen Hals ein bißchen zu weit vorreckte und Manolete ums Leben brachte. Der Stier bekam es schließlich satt, und aus dem halb stierhaften wurde ein erschöpftes und verzweifeltes Tier. Die Zunge hing ihm heraus. Er hatte seinen Teil des Vertrags erfüllt und brauchte jetzt den Degen als Geschenk, damit endlich Schluß war. Aber Luis Miguel kitzelte noch vier weitere Manoletinas aus ihm heraus, bevor er ihn zum Töten in Stellung brachte. Er ging ohne sonderliches Vertrauen hinein, sein Bein schleifte nach. Der Degen fiel heraus. Er riß sich zusammen, ging ganz gut hinein, und der Stier fiel um – mehr vor Erschöpfung, denn eine Degenklinge in sich zu spüren war etwas Neues für ihn, und vor Verzweiflung. Er hatte alles getan, wozu er gezüchtet worden war, und er hatte alle enttäuscht.

„Luis Miguel scheint schlecht in Form zu sein", sagte Hotch. „In Málaga war er so wunderbar."

„Er sollte nicht kämpfen", sagte ich. „Aber er will trotzdem kämpfen. In Valencia ist er fast getötet worden. Dann in Málaga wieder. Und dieser große Stier heute hat ihn auch beinahe erwischt. Irgend etwas scheint ihn zu beschäftigen."

„Was beschäftigt ihn?"

„Der Tod", sagte ich. Auf englisch konnte man das ruhig sagen, wenn man flüsterte. „Antonio hat ihn für ihn in seinem Gepäck."

Antonio hatte sich seinen größten Stier für den letzten Kampf aufgespart, und er war so erbarmungslos mit Miguel wie immer. Seine *capa*-Arbeit war die reine Zauberei, war noch dichter und langsamer und unglaublicher als sonst. Die Menge begriff es nicht, aber sie glaubte daran, und nie wieder würde für diese Leute eine andere Art, mit der *capa* umzugehen, das gleiche bedeuten. Antonio sorgte dafür, daß der Stier für die *muleta* in guter Verfassung blieb. Dann zeigte er ihnen sämtliche großen Manöver so, wie sie ausgeführt werden sollten; er machte sie dichter und immer dichter, bis es schien, kein Mensch könne die Hörner eines Stiers so dicht an seinen Körper herankommen lassen. Er ließ den Stier in einem *redondo* um sich kreisen, bis dieser ihn, gelenkt von seinem ausgestreckten Arm, im Vorbeistreifen über und über mit Blut besudelt hatte. Er machte die gleichen Manöver wie zuvor Miguel, aber mit der ganzen Gefährlichkeit und Leidenschaftlichkeit, die in Linares mit Manolete gestorben waren. Er wußte, daß sie nicht so gefährlich waren wie die alten Manöver, aber er legte alles in sie hinein, was einmal in ihnen gewesen war, und mehr.

Antonio rollte die *muleta* langsam vor dem Stier ein, zielte mit der Degenspitze auf die höchste Stelle zwischen den Schulterblättern, öffnete die gespitzten Lippen, holte tief Luft und ging fest und kräftig über das Horn hinein. Der Stier war bereits tot, als seine Handfläche auf der höchsten Stelle der schwarzen Schulter auftraf, und während er zurücktrat, ihn mit erhobener Hand beobachtend, gaben die Beine des Stiers nach, er schwankte und sank mit dumpfem Aufschlag auf den Boden.

„Gut, zu töten brauchtest du also nicht“, sagte ich zu Hotch.

Miguel stand da und blickte durch die Arena ins Leere. In der Menge gab es die übliche Hysterie, und jeder, der ein Taschentuch besaß, schwenkte es, bis beide Ohren abgeschnitten waren, dann der Schwanz und schließlich ein Huf. Das Ohr bedeutete ursprünglich, daß der Präsident den Stier dem Matador übereignete, den dieser dann als Fleisch verkaufen konnte; all die andere Abschneiderei ist ein Exzeß und gilt bloß als Maßstab für die Größe eines Triumphs. Aber so hatte es sich jetzt nun einmal eingebürgert, zusammen mit vielen anderen Dingen, die dem Stierkampf nicht guttun.

Antonio winkte Hotch zu sich.

„Los, geh raus und mach die Ehrenrunde mit der Truppe“, sagte ich. Hotch flankte über den Zaun und zog mit Joni, Ferrer und Juan durch die Arena, bescheiden und mit Anstand gingen sie hinter Antonio her. Es entsprach nicht ganz den Regeln, aber Antonio hatte ihn schließlich eingeladen. Entsprechend seiner Würde als *sobresaliente* warf er weder Hüte zurück, noch sammelte er Zigarren auf. Kaum einer, der ihn sah, konnte daran zweifeln, daß er, „El Pecas“, in der Lage gewesen wäre, die *corrida* zu übernehmen, falls es nötig geworden wäre. Das sah man deutlich an seinem markigen, ehrlichen Gesicht und auch an der Art, wie er sich bewegte. In der ganzen *plaza* war allein Miguel aufgefallen, daß er keinen Zopf trug. Aber wenn er gegen einen Stier hätte antreten müssen, wäre das Fehlen des Zopfes bereits nach der ersten Bewegung des Stiers wohl kaum aufgefallen. Man hätte nämlich geglaubt, er sei abgegangen, als er das erste Mal in die Luft flog.

Als Bill und ich zu Antonio in sein kleines Hotelzimmer hinaufkamen, fanden wir ihn blutdurchtränkt. Miguelillo zog ihm gerade die Hose aus, und sein langes

Leinenhemd war durch und durch mit Blut vollgesaugt und klebte schwer an seinem Bauch und seinen Oberschenkeln. „Sehr schlecht für Hemden, Papa", sagte Antonio zu mir.

Nach dem Essen in Madrid wollte er nachts nach Bilbao fahren, dort schlafen und am nächsten Nachmittag kämpfen. Wir verabredeten uns in Bilbao im „Carlton".

Antonio wollte jetzt nach Bilbao, der Stadt mit dem schwierigsten Publikum von ganz Spanien, wo die Stiere am größten und die Zuschauer am strengsten und kritischsten sind, damit niemand behaupten konnte, an dieser Kampagne von 1959, in der er wie kein anderer seit Joselito und Belmonte gegen echte Stiere gekämpft hatte, sei irgend etwas zweifelhaft, faul oder dubios gewesen. Wenn Luis Miguel ebenfalls dorthin wollte, war es gut. Aber es würde eine gefährliche Reise sein. Wäre Luis Miguel von seinem Vater gemanagt worden, einem klugen und zynischen Mann, der wußte, wo es langging, und nicht von seinen beiden netten Brüdern, denen es um die zehn Prozent von ihm und Antonio für jeden Kampf ging, wäre er nie nach Bilbao gegangen, um dort vernichtet zu werden.

13

Wir fuhren ziemlich spät aus Madrid ab, aber unser Lancia, den wir „La Barata", den Billigen, getauft hatten, raste mit einem wahren Affenzahn über die vertraute Straße nach Norden. In der alten Taverne von Burgos machten wir halt, damit unser Exfahrer Mario, der uns den Lancia vor dem *mano a mano* in Ciudad Real aus Udine in Italien gebracht hatte, einmal die Forellen aus dem Fluß in den hohen kastilischen Bergen jenseits der Stadt probieren konnte. Sie waren glänzend und gesprenkelt, fett und frisch und fest, und man konnte sich seine Forellen und Rebhühner in der Küche selbst aussuchen. Der Wein wurde in Steinkrügen serviert; danach aßen wir den köstlichen Käse von Burgos, den ich früher immer Gertrude Stein nach Paris mitgebracht hatte, als ich in den alten Zeiten noch dritter Klasse mit dem Zug aus Spanien nach Hause fuhr.

Die Strecke von Burgos nach Bilbao schaffte Mario sehr schnell. Er war Rennfahrer, also war es, theoretisch, ungefährlich, aber der Anblick des Tourenzählers ließ mich doch in Schweiß ausbrechen. La Barata verfügte über drei verschiedene Hupen. Eine davon bedeutete: Platz da, wir kommen. Sie funktionierte ziemlich gut, aber wenn wir vorbeigerauscht waren, sah ich oft Esel und Ziegen und deren Eigentümer immer noch nach dem Gefährt Ausschau halten.

Bilbao ist eine Industrie- und Hafenstadt und liegt in einer Talmulde an einem Fluß. Es ist eine große, reiche, gesunde Stadt, und das Klima dort ist entweder warm und feucht oder kalt und feucht. Die Landschaft ringsum ist sehr schön, und die kleinen Flüßchen, deren Wasser mit den Gezeiten steigt und fällt, ziehen sich tief ins Land hinein und sind bezaubernd. Es ist eine Stadt des großen Geldes und des Sports, und ich habe dort viele Freunde. Im August kann es dort heiß sein wie nirgends sonst in Spanien, von Córdoba abgesehen. An diesem Tag war es warm, aber nicht zu warm, und klar, und die breiten Straßen machten einen heiteren Eindruck.

Im „Carlton“, einem ausgezeichneten Hotel, bekamen wir gute Zimmer. Die *feria* von Bilbao ist die solideste, gediegenste und am besten finanzierte *feria* von ganz Spanien, und die Stierkämpfer tragen hier Jacketts und Krawatten. Wir waren so lange unterwegs gewesen, daß wir uns in dem piekfeinen Foyer reichlich fehl am Platze vorkamen, aber La Barata rettete unseren gesellschaftlichen Status. Kein Auto in der Stadt sah besser aus.

Antonio war in der gleichen glücklichen Stimmung, in der wir ihn verlassen hatten. Bilbao gefiel ihm, und die Stickigkeit und der massive Reichtum dieser Stadt störten ihn überhaupt nicht. In den *callejón* durfte hier niemand. Sogar die Stierkämpfer, die am Tag zuvor dort gekämpft hatten und am folgenden Tag wieder kämpfen würden, wurden hinauskomplimentiert. Gesetz und Staatsgewalt traten hier stärker in Erscheinung als irgendwo sonst in Spanien, und die Polizei machte sich ein Vergnügen daraus, uns um die ganze Arena zu schikken, statt uns den Eingang benutzen zu lassen, der eindeutig der vernünftigste gewesen wäre und durch den man sonst immer gegangen war.

Schließlich kamen wir zu unseren Plätzen, und es war seltsam, einen Stierkampf einmal von den Rängen aus zu sehen und nicht von der *barrera*. Antonio drehte voll auf, so wie er es die ganze Saison getan hatte. Er war mit seinen beiden Stieren großartig. Er bekam beide Ohren, von beiden Stieren; mehr ist in Bilbao nicht gestattet. Alles sah bei ihm leicht und einfach aus, da er es perfekt und natürlich ausführte, und mit derselben Leichtigkeit und Entschlossenheit tötete er auch.

Antonio hatte die Menge verzaubert und zutiefst bewegt. Ein Mann neben mir sagte: „Ich hatte meine alten Gefühle für den Stierkampf schon ganz verloren; er gibt sie mir wieder zurück." Antonio war glücklich mit seinen Stieren und konnte dieses Glück auch dem Publikum vermitteln, das sein Glück ganz und gar mit ihm teilte. Es war, als wäre alles plötzlich für jeden schön und einfach geworden.

Luis Miguels Kampf am nächsten Tag war eine große Enttäuschung. Er fing gut an und machte mit seinem ersten Stier nach ein paar überdurchschnittlich guten *capa*-Manövern zwei wunderbare *veronicas*. Seine *capa*-Arbeit hatte sich im Wettstreit mit Antonio stetig verbessert, und zu Beginn des Kampfes wirkte er ruhig und sicher. Der Stier war mittelgroß; nicht schlecht zum Arbeiten, aber auch kein Geschenk. Miguel sah nicht glücklich aus, aber auch nicht schlecht. Er ging gut hinein, traf zweimal auf Knochen, stieß dann aber den Degen zu drei Vierteln zum Todesstoß hinein.

Sein zweiter Stier war groß und hatte gute Hörner. Luis Miguels *capa*-Arbeit war weiterhin gut, aber der Stier war schwierig und potentiell sehr gefährlich. Er griff die Pferde nur zögernd an, und die *picadores* ihrerseits zögerten mit der *pica*. Schließlich sah es fast so aus, als müßte Luis Miguel den schwierigen Stier mit hoch erhobenem Kopf ohne *pica* übernehmen. Da nahm ihn sich der *picador*, der als letzter an der Reihe war, gründlich vor und bohrte und säbelte auf Teufel komm raus an ihm herum. Das konnte er nur auf Anordnung getan haben.

Als Luis Miguel den Stier wieder übernahm, war er noch schwieriger als vorher bei den Pferden. Luis Miguel arbeitete intelligent mit ihm, wenn ihm jetzt auch sein Bein Kummer zu machen schien, und versuchte, ihn unter Kontrolle und in Stellung zu bringen, um ihn schnell loszuwerden. Der Stier suchte ihn dauernd unter dem Tuch. Luis Miguel ging zweimal hinein, vorsichtig und ohne viel Vertrauen. Aber dem Stier war auch nicht zu trauen, und Luis Miguel zog beim Absprung sein Bein nach. Beim dritten Versuch fuhr die Degenklinge knapp über die Hälfte hinein, traf tödlich, und der Stier brach zusammen. Die Menge verhehlte ihre Enttäuschung nicht.

Alles bedauerte Luis Miguel, doch Tamames, sein Arzt, bedauerte ihn am meisten. Miguels Verletzung von Valencia hatte ihm ständig zu schaffen gemacht, und die dumpfen, sporadisch auftretenden Schmerzen brachten ihm die Wunde und die Umstände, unter denen er sie erlitten hatte, wieder ins Gedächtnis zurück.

Die Selbstsicherheit von Málaga war verschwunden, und sein Bein wurde seit dem Sturz von Málaga immer schlimmer, je mehr er es benutzte. Der Meniskus hatte Schaden genommen. Es war die Art Verletzung, die ein Footballspieler erleidet, wenn er von der Seite zu Fall gebracht wird, oder ein Baseballspieler, wenn er mit seinen Spikes an einer Base hängenbleibt und hinstürzt. Tamames versuchte die Entzündung des Knorpels mit Ultraschall zu behandeln. Falls sie nicht zurückging, sondern sich ausweitete, konnte das Knie unerwartet blokkieren. Das konnte für Luis Miguel tödlich werden. Die Entfernung des Knorpels konnte ihn für drei bis sechs Wochen außer Gefecht setzen, und es war auch möglich, wenn auch nicht sehr wahrscheinlich, daß er seinen Beruf als Stierkämpfer deswegen aufgeben mußte. Bis jetzt hatte sich der Zustand des Knorpels noch nicht so verschlimmert oder so viel Schaden durch Schwächung und Reizung der beiden Hauptknochen des Beins angerichtet, daß dieses Blockieren zu befürchten war; aber es tat weh und zerstörte Luis Miguels Selbstvertrauen.

Ich machte mir große Sorgen um Miguel. Aber er bestand darauf, das Duell mit Antonio fortzusetzen. Nachdem ich ihn dieses letzte Mal hatte kämpfen sehen und daran dachte, was sich in jedem Kampf zwischen ihnen seit Valencia abgespielt hatte, war ich davon überzeugt, es könnte nur damit enden, daß Luis Miguel getötet oder als Matador vernichtet würde. Angesichts Antonios Art zu kämpfen und seiner absoluten Selbstsicherheit und Meisterschaft konnte ich nicht damit rechnen, daß er noch einmal aufgespießt werden würde. Ich hatte zwar ständig Angst um ihn, aber nichts deutete darauf hin, daß es jetzt passieren würde, denn so etwas kündigt sich immer schon vorher an, und nichts davon, weder geistig noch physisch, noch taktisch, war bei ihm zu erkennen. Er befand sich eindeutig in einer Phase der

Flut, des Überflusses, des „Zuviel". Dieses Zuviel war jetzt zwar sein Normalzustand, aber er überschritt nie die Vorschriften, die den Stierkampf regeln. Perfekt kämpfen, das heißt langsam und schön, ist immer äußerst gefährlich. Aber er beherrschte jetzt alle Stiere dermaßen, daß ihm nichts schwerzufallen schien, und durch die Verdrängung der Todesangst hatte er etwas dazugewonnen, das ihn zu panzern schien.

Die *feria* von Bilbao war für Antonio trotzdem sehr gefährlich, weil er dort zu viele reiche und bedeutende Freunde hatte und es dort ein ausgedehntes gesellschaftliches Leben gab. Das war etwas anderes als das finstere gesellschaftliche Leben in Madrid. Jedenfalls ging er immer viel zu spät ins Bett, und uns fehlten sowohl die müde machenden sportlichen Betätigungen, die einen Matador gut schlafen lassen, als auch die Erschöpfung durch die Autofahrerei.

Das zeigte sich bei seinem Kampf am Tag vor seinem letzten Kampf mit Luis Miguel. Keiner seiner Stiere war gut, und sein letzter Stier wurde im Verlauf des Kampfes praktisch blind; er sah schon nicht besonders gut, als er in die Arena kam. Keiner seiner Stiere war für gute *capa*-Arbeit geeignet und auch nicht für eine ordentliche *faena* mit der *muleta*. Der erste Stier war gefährlich und neigte zum Traben und suchte ständig unter dem Tuch nach dem Mann. Es war kein Stier, auf den man sich bei der Arbeit mit der *capa* verlassen konnte. Aber als Antonio ihn mit der *capa* passieren ließ, war mehr Abstand zwischen ihm und dem Stier, als dagewesen wäre, wenn er um Mitternacht im Bett gelegen hätte.

Seit zwei Tagen hatte es vormittags in Bilbao geregnet, klarte aber dann rechtzeitig zur *corrida* wieder auf. Die Arena von Bilbao wird schnell trocken; bei ihrem Bau wurde das Klima berücksichtigt und der dafür erforderliche Sand ausgewählt. An diesem Tag war er an der Oberfläche feucht, aber nicht rutschig, obwohl es mittags noch so ausgesehen hatte, als müßte der Kampf wegen Regens abgesagt werden. Aber schließlich kam die Sonne heraus, und es herrschte drückende feuchte Hitze, und Wolken zogen über den Himmel.

Luis Miguel fühlte sich nach Tamames' Behandlung besser, war aber traurig und sehr mit anderen Dingen beschäftigt. An ebendiesem Tag vor einem Jahr war sein Vater nach gräßlichem Leiden an Krebs gestorben, und dies und anderes ging ihm durch den Kopf. Er war zwar höflich wie immer, war aber viel sanfter geworden in seinem Unglück. Er wußte, wie nahe daran er gewesen war, getötet zu werden bei seinen letzten großen Kämpfen mit Antonio. Er wußte, daß diese Palhas ganz anders waren als die alten Palhas, die waren Super-Miuras gewesen, und ihm war klar, daß diese Stadt nicht Linares war. Es kam einfach zu vieles zusammen, und er hatte kein Glück mehr. In der Welt die Nummer eins in seinem Beruf zu sein und darin den einzigen Sinn seines Lebens zu sehen war *eine* Sache. Eine andere war es, jedesmal, wenn er hinausging, um es zu beweisen, beinahe getötet zu werden und zu wissen, daß nur seine reichsten und mächtigsten Freunde, eine Handvoll schöner Frauen und Pablo Picasso, der seit fünfundzwanzig Jahren keinen Stierkampf mehr in Spanien gesehen hatte, noch daran glaubten. Das Entscheidende war, daß er selbst daran glaubte. Wenn er das tat und es beweisen konnte, würden die anderen alle wieder zurückkommen. Verletzt und verwundet, wie er war, war dies kaum der Tag, es zu beweisen. Aber er wollte es versuchen, und vielleicht würde sich ja das Wunder von Málaga wiederholen.

Antonio war in seinem Zimmer und ruhte gelassen und entspannt wie ein Leopard auf seinem Bett unter den Laken. Wir blieben nur wenige Minuten, weil ich wollte, daß er sich ausruhte. Aber es war erfreulich wie immer in diesem Sommer.

Bar und Speisesaal unten im Hauptgeschoß waren voller Leute, die auf freie Tische warteten. Wir aßen schließlich an einem großen Tisch, zusammen mit vielen alten und neuen Freunden. Domingo Dominguín meinte, er glaube, die Palhas seien viel besser als die von Valencia. Zwei seien ein wenig leichtgewichtig, sähen aber größer aus, als sie wären. Sie seien ziemlich gleich aufgeteilt. Luis Miguel nehme als ersten seinen kleineren Stier. Die Arena war vollkommen ausverkauft, und es waren viele hohe Würdenträger der Regierung anwesend. In der Präsidentenloge saß, zusammen mit einer Gesellschaft aus San Sebastián, Doña Carmen Polo de Franco, die Frau des Staatsoberhauptes.

Luis Miguels erster Stier kam schnell heraus. Es war ein schönes Tier mit guten Hörnern, und es wirkte größer, als es war. Luis Miguel nahm ihn mit der *capa* und machte eine Reihe von guten Manövern. Auch seine erste *quite* war ausgezeichnet. Sein schlimmes Bein schien ihn nicht zu stören, aber er wirkte traurig, als er einmal dicht an die *barrera* kam.

Mit der *muleta* arbeitete er dicht am Stier und machte ein paar gute rechtshändige Manöver. Je länger er kämpfte, desto besser gerieten sie ihm, und er wurde sehr selbstsicher mit diesem Stier. Ich beobachtete immer wieder besorgt seine Beinarbeit, aber alles sah gut aus. Luis Miguel nahm die *muleta* in die linke Hand und machte eine Serie *naturales*. Bei jedem anderen Matador wären sie durchaus in Ordnung gewesen, aber sie sahen nicht so aus wie die von Málaga, und nur die Leute auf den teuren Rängen applaudierten. Sie verlangten nach Musik, und Luis Miguel machte eine Reihe jener Profilmanöver, die Manolete populär gemacht hatte, und zwar sehr gut. Dann fixierte er den Stier mit zwei schwingenden Manövern, die seinen Kopf oben hielten, hypnotisierte ihn und kniete sich dann vor ihm hin.

Einem Teil des Publikums gefiel das, einem anderen nicht. Antonio hatte die Leute zeitweilig um den Geschmack an solchen Sachen gebracht. Luis Miguel stand wieder auf, ohne sich mit dem *muleta*-Stock abstützen zu müssen; das Bein benahm sich gut. Er wirkte verkniffen und desillusioniert. Zum Töten ging er ziemlich gut und gerade hinein. Der Degen stak recht hoch oben, aber der Stier begann aus dem Maul zu bluten. Er brach krachend zusammen, und Miguel bekam kein Ohr. Meiner Meinung nach war der Degen gut plaziert, und es kommt häufig vor, daß ein Stier aus dem Maul blutet, wenn ein hoch angesetzter Stoß eine Arterie durchtrennt. Es gab viel Beifall, und Luis Miguel kam heraus und grüßte, schwermütig und ernst. Aber sein Bein funktionierte gut, sonst hätte er sich niemals so hinknien können.

Antonios Stier kam heraus. Er war fast identisch mit dem von Luis Miguel, auch in der Größe. Er war auf beiden Seiten gut, und Antonio übernahm ihn genau da, wo er am Tag zuvor aufgehört hatte. Er zeigte dieselbe majestätische, schöne *capa*-Arbeit, die wir in der ganzen Saison gesehen hatten, und man spürte am Gemurmel in der Menge zwischen den Aufschreien, wie sie wieder zufrieden wurde.

Nachdem nur ein Paar *banderillas* gesetzt worden war, bat er um Erlaubnis, den Stier übernehmen zu dürfen, und begann ihn mit der *muleta* zu *profilieren.* Der Stier war beim Angreifen ein bißchen langsam, und Antonio mußte ziemlich dicht an ihn herangehen. Nachdem er ihm Vertrauen eingeflößt hatte, mit einer Reihe rechtshändiger Manöver, die durchaus keine Strafe für ihn waren, sondern ihn nur dicht, dichter, am dichtesten heranbrachten, setzte die Musik ein, und Antonio führte den

Stier heraus und reizte ihn, die *muleta* in der linken Hand, von weitem. Er hatte ihn jetzt hübsch aufgemöbelt und ihm beigebracht, aus größerer Entfernung anzugreifen.

Der Stier konnte auch aus der Entfernung gut sehen, und Antonio ließ ihn kommen und führte ihn dann aus dem Handgelenk, bewegte das Tuch langsam genau in der richtigen Geschwindigkeit und machte so eine Serie *naturales* mit ihm, dicht, langsam und vollkommen. Er schloß mit einem Manöver ab, bei dem die Hörner des Stiers an seiner Brust vorbeigingen, und ich sah, wie das rote Tuch der *muleta* über die Hörner glitt und dann langsam über Hals, Schultern, Rücken und Schwanz des Stiers hinwegstreifte.

Schließlich tötete er, stieß den Degen fest und bis zum Heft hinein. Der Degen war gut plaziert, vielleicht anderthalb Zoll zu weit links vom höchsten Punkt der tödlichen Stelle; Antonio stand, die rechte Hand erhoben, vor dem Stier und beobachtete ihn mit seinen dunklen Zigeuneraugen; die Hand triumphierend erhoben für die Menge; den Körper arrogant zurückgebogen für die Menge; die Augen aber beobachteten mit Chirurgenblick, wie die Hinterbeine des Stiers erzitterten, dann versuchten, einen Schritt zu machen, und wie der Stier schließlich tot umkippte.

Dann drehte er sich um und blickte in die Menge; der Chirurgenblick war aus seinen Augen verschwunden, und seine Miene drückte Zufriedenheit aus über das, was er geleistet hatte. Ein Stierkämpfer kann das Kunstwerk, das er schafft, nie sehen. Er hat keine Möglichkeit, es zu korrigieren, wie ein Maler oder Schriftsteller das kann. Er kann es nicht hören wie ein Musiker. Er kann es nur fühlen und die Reaktion der Menge hören. Wenn er es fühlt und weiß, daß es ihm gelungen ist, ergreift es ihn dermaßen, daß alles andere auf der Welt für ihn bedeutungslos wird. Während er sein Kunstwerk vollführt, weiß er, daß er nie die Grenzen seines Könnens und seiner Stierkenntnis überschreiten darf. Ein Matador, der erkennen läßt, daß er dies nie vergißt, gilt als kalt. Antonio war nicht kalt, und das Publikum gehörte jetzt ihm. Er sah zu den Leuten hinauf und ließ sie in aller Bescheidenheit, aber nicht unterwürfig, wissen, daß ihm das nicht entgangen war. Und als er mit dem Ohr in der Hand seine Runde durch die Arena machte, sah er, wie sie sich in den einzelnen Blöcken der Arena von Bilbao, einer Stadt, die er liebte, erhoben, wenn er vorüberkam, und war glücklich, daß er sie erobert hatte. Ich sah zu Miguel hinüber, der an der *barrera* stand und ins Leere blickte, und fragte mich, ob es wohl heute schon soweit sei oder erst an einem anderen Tag passieren würde.

Jaime Ostos war vorzüglich mit seinem Stier, der ein bißchen größer war als die ersten beiden und sich ausgezeichnet bearbeiten ließ. Seine *capa*-Arbeit war hervorragend, und mit der *muleta* war er ebenso sicher wie großartig. Seine Arbeit beeindruckte die Menge sehr, und er erhielt ein Ohr, obwohl er mit dem Degen Probleme hatte.

Nachdem Jaime seine Runde mit dem Ohr durch die Arena gemacht hatte, gingen die drei Matadore zur Präsidentenloge hoch, um Doña Carmen Polo de Franco ihre Aufwartung zu machen. Luis Miguel, der mit dem Schwiegersohn des Generalissimo befreundet ist und mit dem Staatsoberhaupt auf die Jagd geht, hätte seine Empfehlungen und eine Entschuldigung ausrichten lassen können. Aber sein Bein war seiner Meinung nach so gut in Ordnung, daß er in die hohe Loge hinaufsteigen konnte. Vielleicht war es auch nicht in Ordnung, jedenfalls stieg er rauf und mußte dann gleich wieder runter. Der nächste Stier war seiner.

Es war ein schwarzer Stier, etwas größer als sein erster. Er hatte gute Hörner und kam kraftvoll herein. Luis Miguel ging mit der *capa* raus, machte vier langsame, traurige *veronicas* und ließ dann den Stier mit einer *media veronica* um sich kreisen.

Aber so traurig blieb Luis Miguel nicht. Eine seiner größten Fähigkeiten war immer gewesen, daß er genau wußte, wie ein Stierkampf abzulaufen und wie er jede Bewegung im Kampf mit seinen Stieren zu lenken hatte. Er würde aus diesem Stier alles herausholen, was er konnte. Er nahm ihn mit der *capa* und fixierte ihn genau dort, wo er ihn den *picador* angreifen lassen wollte. Der *picador* ritt auf ihn zu, hob seine Lanze, und der Stier griff an. Der *picador* traf ihn in dem Moment, als der Stier das Pferd attackierte, er schien die Position der *pica* ein wenig zu korrigieren, als der Stier schon wieder angriff; Luis Miguel führte den Stier weg und machte noch einmal vier langsame, traurige *veronicas* mit feierlichem Abschluß.

Dann führte er den Stier zurück, um ihn wieder in Angriffsstellung zu bringen. Das gehört zu den simpelsten Dingen im Stierkampf, und er hatte es schon viele tausend Male gemacht. Er wollte den Stier mit einer kurzen Bewegung seiner *capa* fixieren, wobei die Vorderfüße des Stiers außerhalb des aufgemalten Kreises bleiben sollten. Aber als er sich vor dem Pferd bewegte, das Gesicht dem Stier zugewandt und den Rücken zum Pferd und seinem Reiter, der seine Lanze ausgestreckt hielt, da griff der Stier das Pferd an, und Luis Miguel stand in seiner Angriffslinie. Der Stier schenkte der *capa* keine Beachtung. Er rammte sein Horn in Luis Miguels Oberschenkel und schleuderte ihn gegen das Pferd. Der *picador* traf den Stier mit der *pica*, während Luis Miguel noch durch die Luft flog. Der Stier erwischte Luis Miguel im Flug, und als er am Boden landete, stieß er mehrmals nach ihm. Sein Bruder Domingo war über den

Zaun gesprungen, um ihn wegzuziehen. Antonio und Jaime Ostos waren mit ihren *capas* reingegangen, um den Stier wegzuholen. Allen war klar, daß es eine große und schwere Verletzung war; es sah aus, als wäre sie in den Unterleib gegangen. Die meisten Zuschauer glaubten, die Verletzung wäre tödlich. Hätte das Horn ihn an den Schutzpanzer des Pferdes genagelt, wäre sie das wahrscheinlich auch gewesen, denn dann hätte das Horn ihn wohl ganz durchbohrt. Sein Gesicht war grau, als man ihn durch den *callejón* trug; er biß sich auf die Lippen und hielt die Hände auf den Unterleib gepreßt.

Von unserem Sitzplatz in der ersten Reihe war nicht in die Krankenstation zu gelangen, und die Polizei ließ niemanden in den Durchgang, also blieb ich sitzen und sah zu, wie Antonio Luis Miguels Stier übernahm.

Wenn ein Stier einen Matador derart schwer und womöglich tödlich verwundet hat, wie es hier der Fall zu sein schien, ist es üblich, daß der Matador, der ihn übernimmt, nur kurz mit ihm arbeitet und so schnell wie möglich tötet. Nicht so Antonio. Der Stier war gut, und er würde ihn nicht vergeuden. Das Publikum hatte bezahlt, um Luis Miguel zu sehen. Er war auf dumme Weise ausgeschieden. Dies war sein Publikum. Wenn ihnen Dominguín entging, sollten sie Ordóñez haben.

Ich ziehe es vor, mir die Sache *so* vorzustellen, oder aber, daß er einfach Luis Miguels Vertrag für ihn erfüllen wollte. Jedenfalls ging er, ohne zu wissen, wie schwer die Verletzung war, er wußte nur, daß sie ganz oben am Oberschenkel saß und sehr schlimm war, so seelenruhig hinaus wie bei seinem letzten Stier, und arbeitete mit dem Stier, der eben noch Luis Miguel verletzt hatte. Es gab Beifall, die Musik setzte ein. Antonio fand Gefallen an dem Stier und begann unglaublich dichte Manöver mit ihm zu machen. Die *faena* war ausgezeichnet, und dann tötete er ihn schnell, ging gut hinein, aber der Degen ging gut zwei Zoll neben der optimalen Stelle hinein. Die Menge applaudierte. Aber er wußte, er hatte nur auf die Stelle gezielt, die rasch tötete.

Aus dem Operationszimmer kam die Nachricht, daß die Verletzung sich unten in der rechten Leiste befinde, genau an derselben Stelle wie die Wunde von Valencia. Das Horn war in den Unterleib hochgegangen, aber noch war nicht bekannt, ob es in den Darm eingedrungen war. Luis Miguel lag in Narkose und wurde gerade operiert.

Dann kam Antonios Stier heraus. Es war der bis dahin größte Stier. Er hatte gute Hörner, wirkte aber, als sei er nichts wert; er starrte vor sich hin und trabte durch die Arena. Juan bot ihm die *capa*, und er scheute davor zurück, sprang prompt über den Zaun in den Gang und drängte und zwängte sich hindurch, bis ihn das offene Tor wieder in die Arena ließ. Aber als die *picadores* herauskamen, griff er die Pferde mutig an. Die *picadores* wehrten ihn gut ab, und er stieß unter den *picas* kräftig zu, stemmte die Hufe in den Sand und drängte gegen die stählerne Spitze. Antonio ging ganz nah an ihn heran, brachte ihn mit der *capa* in Bewegung und ließ ihn passieren, als sei er völlig makellos. Er kalkulierte sein Angriffstempo auf den Millimeter genau, bewegte die *capa* entsprechend und bekam den Stier in seine Gewalt. Für das Publikum sahen diese Manöver mühelos, zauberhaft und langsam aus wie immer.

Bei den *banderillas* sah man, wie schwierig und gefährlich der Stier werden konnte, und ich meinte schon, er finge an durchzudrehen, und stand Heidenängste aus, bis Antonio ihn endlich mit *muleta* und Degen wieder übernahm. Auch er war sehr nervös, wie ich merkte, obwohl ich von meinem Platz aus nicht hören konnte, was er zu Ferrer und Joni sagte.

Während wir zusahen und das Publikum staunte und bei jedem Manöver aufschrie und beim *remate* jeder Serie in Beifall ausbrach, führte Antonio unter Musikbegleitung den Stier, der nur scheinbar groß und nervös und heikel und wertlos gewesen war, durch einen kompletten Kursus aller klassischen und schönen Manöver, die man mit einem mutigen Stier nur machen kann. Es war jetzt kaum noch Abstand zwischen ihm und dem Tier, wenn die Hörner an seinem Körper vorbeigingen. Er stellte sich genau auf die Geschwindigkeit des Stiers ein, und wenn der massige Stier und die aufrechte, geschmeidige Gestalt des Kämpfers in vollendeten Wendungen verschmolzen, entstanden durch die Herrschaft seines Handgelenks über das hängende rote Sergetuch plastische Figuren. Eine Drehung des Handgelenks, und der schwere schwarze Stier, der den Tod in seinen Hörnern trug, kam in einem letzten Manöver, dem gefährlichsten und schwierigsten von allen, wieder an seiner Brust vorbei. Als ich ihn diesen *pase de pecho* wieder und immer wieder machen sah, wurde mir klar, was er vorhatte. Das alles wirkte wie großartige Musik, verfolgte aber einen ganz bestimmten Zweck. Er bereitete den Stier darauf vor, ihn *recibiendo* zu töten.

Recibiendo ist größte Kunst. Es bedeutet, den Stier zu töten, wenn er noch angreifen kann. Es ist die großartigste, älteste, gefährlichste und schönste Art des Tötens, da der Matador, statt in den Stier hineinzurennen, ruhig stehenbleibt, den Angriff des Stiers herausfordert, den herankommenden Stier dann mit der *muleta* rechts an sich vorbeiführt und ihm gleichzeitig den Degen hoch oben zwischen die Schulterblätter stößt. Gefährlich ist es deshalb, weil der Matador, wenn der Stier nicht vollständig von der *muleta* beherrscht wird und den Kopf hebt, sein Horn in die Brust gerammt bekommt. Gewöhnlich geht die Hornwunde, wenn der Stier den Kopf hebt, während der Matador den Degen in ihn hineinstößt, in den rechten Oberschenkel. Beim *recibiendo* muß der Kämpfer, um anständig töten zu können, so lange warten, bis der angreifende Stier ihn erwischen würde, wenn er ihn auch nur ein oder zwei Zoll näher herankommen ließe. Wenn er sich zurückbeugt oder den Stier mit dem Tuch zu weit von sich wegtreibt, geht der Degen seitwärts hinein.

„Warte, bis er dich erwischt", lautet der Grundsatz für diese Art des Tötens. Nur wenige Leute können das durchstehen und verfügen obendrein über die dazu erforderliche geniale Linke, um den Stier tief an sich vorbeiführen zu können. Für den Stier ist es im wesentlichen dasselbe Manöver wie der *pase de pecho*, und darum bereitete Antonio ihn auch mit diesen Manövern vor und beachtete, ob er noch genug Energie hatte, dem Tuch zu folgen, und nicht den Kopf hob oder mitten im Angriff plötzlich zögernd stehenblieb. Als er sah, daß der Stier bereit und ungebrochen war, brachte er ihn unter uns in Stellung und bereitete sich aufs Töten vor.

Auf unseren langen nächtlichen Fahrten hatten wir über diese Art des Tötens gesprochen und waren uns einig gewesen, daß es für Antonio, mit seiner Linken, nicht schwer sein dürfte. Was die Sache schwierig machte, war das Risiko, das man einging. Das Risiko bestand darin, daß das Horn wie ein Dolch in die Brust fahren konnte, wobei der Dolch freilich dick war wie ein Besenstiel und mit der Kraft von Nackenmuskeln hineingetrieben wurde, die ein Pferd hochheben und durch die Luft schleudern oder die zwei Zoll dicken Planken der *barrera* zersplittern konnten. Manchmal waren diese Hörner so spitz, daß sie den Seidenbesatz einer *capa* aufschlitzten wie ein Rasiermesser. Manchmal waren sie auch gesplittert, so daß eine von ihnen verursachte Wunde groß sein konnte wie eine Hand. Einfach war es allerdings, wenn man sie in aller Ruhe direkt auf sich zukommen sehen konnte und wußte, daß man warten mußte, bis sie einem von unten in die Brust dringen würden, falls der Stier den Kopf hob, sobald er den Stahl in sich eindringen spürte. Sicher war es dann einfach. Da waren wir uns einig.

Antonio richtete sich jetzt also auf, zielte entlang der Degenklinge, beugte sein linkes Knie vor und schwang dem Stier die *muleta* entgegen. Der riesige Stier griff an, der Degen traf hoch oben zwischen den Schulterblättern auf Knochen. Antonio lehnte sich über, auf den Stier, der Degen bog sich, die Gruppe, die eine Einheit hätte bilden sollen, brach auseinander, und ein Schwung der *muleta* schickte den Stier weg.

Niemand in unserer Zeit versucht, zweimal *recibiendo* zu töten. Das gehört in die Zeiten Pedro Romeros, jenes anderen großen Toreros aus Ronda, der Jahre zuvor gelebt hat. Aber solange der Stier noch angreifen konnte, mußte Antonio ihn auf diese Weise töten. Also brachte er ihn wieder in Stellung, zielte entlang der Klinge, forderte ihn aufs neue mit Bein und Tuch heraus und ließ ihn dort hinkommen, wo er ihn erwischen würde, falls er den Kopf hob. Wieder traf der Degen auf Knochen, wieder geriet die Gruppe in Unordnung und brach auseinander, und wieder schickte die *muleta* die Hörner und den riesigen Stier fort.

Der Stier war jetzt langsamer geworden, aber Antonio wußte, daß noch ein sauberer Angriff in ihm steckte. Er mußte es wissen, denn niemand sonst wußte es, und die Zuschauer konnten nicht glauben, was sie sahen. Um mit diesem Stier einen großen Triumph zu feiern, hätte Antonio nur noch ohne allzu großes Risiko anständig den Degen in ihn zu stoßen brauchen. Aber jetzt wollte er alles wiedergutmachen, was er in seinem Leben beim Töten gesündigt hatte, und das war nicht selten gewesen. Er hatte diesem Stier zweimal die Chance gegeben, ihn in die Brust zu stoßen, wenn er wollte; jetzt würde er ihm eine dritte Chance geben. Er hätte den Degen bloß ein bißchen tiefer oder mehr von der Seite her einzustoßen brauchen als bei den ersten beiden Angriffen des Stiers, niemand hätte ihm das bei einem *recibiendo* vorgeworfen. Er kannte die weichen Stellen, wo es leicht hineinging und immer noch gut aussah oder gut genug oder jedenfalls nicht schlecht. Für diese Art des Tötens wurden in dieser Epoche des Stierkampfs die meisten Ohren vergeben. Aber zum Teufel damit. Heute würde er alles wieder ausgleichen, was er je beim Töten an Vorteilen ausgenutzt hatte.

Er brachte den Stier in Stellung, und in der *plaza* war es so still, daß ich das Klicken hinter mir hörte, als eine Frau ihren Fächer zuklappte. Antonio zielte entlang der Degenklinge, beugte sein linkes Knie vor, schwang dem Stier die *muleta* entgegen und ließ ihn bis zu dem Punkt an sich herankommen, wo die Hörner ihn erwischen würden, dann drang die Spitze des Degens ein, der Stier stemmte sich dagegen, den Kopf gesenkt, dem roten Tuch folgend, während Antonio mit der flachen Hand gegen den Degenknauf drückte, glitt die Klinge langsam oben auf der höchsten Stelle zwischen den Schulterblättern hinein. Antonio hatte seine Füße nicht bewegt, und der Stier und er waren jetzt eins, als seine Handfläche das schwarze Fell berührte, war das Horn schon an seiner Brust vorbei, und der Stier unter seiner Hand war tot. Aber er wußte es noch nicht, er sah zu Antonio hoch, der mit erhobener Hand vor ihm stand, nicht triumphierend, sondern als wolle er ihm good-bye sagen. Ich wußte, was er dachte, auch wenn ich seinen Gesichtsausdruck einen Augenblick lang nicht deuten konnte. Der Stier konnte sein Gesicht nicht mehr sehen – es war das fremde freundliche Gesicht des seltsamsten Burschen, dem ich je begegnet war, und dieses eine Mal sprach Mitleid aus ihm, hier in der Arena, wo es sonst keinen Platz hat. Jetzt wußte der Stier, daß er tot war, seine Beine versagten, und seine Augen wurden glasig, als Antonio ihn hinstürzen sah.

So endete das Duell zwischen Antonio und Luis Miguel in diesem Jahr. Für keinen der Augenzeugen von Bilbao gab es nun noch eine Rivalität. Die Frage war entschieden. Sie konnte wieder aufgeworfen werden, aber nur theoretisch. Sie konnte auf dem Papier neu aufgeworfen werden oder um Geld zu machen oder um das südamerikanische Publikum auszubeuten. Aber es bestand kein Zweifel mehr, wer von den beiden der Bessere war, wenn man die Kämpfe gesehen hatte und wenn man Antonio in Bilbao gesehen hatte. Sicher, vielleicht war er in Bilbao nur deshalb der Bessere gewesen, weil Luis Miguel ein schlimmes Bein gehabt hatte. Vielleicht, daß man aus dieser Vermutung noch etwas Geld herausschlagen konnte. Aber es wäre viel zu gefährlich gewesen, lebensgefährlich, das noch einmal vor einem echten spanischen Publikum mit echten Stieren mit echten Hörnern ausprobieren zu wollen. Die Sache war entschieden, und ich war froh, als aus dem Operationszimmer die Nachricht kam, daß das Horn zwar wieder in Luis Miguels Unterleib, aber nicht in den Darm eingedrungen war.

Nachdem Antonio sich umgezogen hatte, fuhren er und ich noch am gleichen Abend zu Luis Miguel. Antonio saß am Steuer. Er war noch nicht vom Kampf abgekühlt, und wir sprachen darüber, erst in seinem Zimmer und dann im Wagen.

„Woher wußtest du, daß er für den zweiten und dritten Angriff noch genügend Puste hatte?" fragte ich.

„Ich wußte es", sagte er. „Wie man eben etwas weiß."

„Aber woran hast du es gesehen?"

„Ich kannte ihn da schon sehr gut."

„Am Ohr?"

„An allem. Ich kenne dich. Du kennst mich. Genau so. Hast du daran gezweifelt, daß er kommen würde?"

„Natürlich nicht. Aber ich saß auf der Tribüne. Das ist ganz schön weit weg."

„Es sind nur sechs oder acht Fuß, aber in Wirklichkeit ist es eine Meile", sagte er.

Luis Miguel hatte große Schmerzen. Das Horn war in das noch nicht ganz verheilte Narbengewebe der alten Wunde von Valencia eingedrungen, hatte es aufgerissen und war dann der Bahn der alten Wunde in den Unterleib hinauf gefolgt. Im Zimmer war ein halbes Dutzend Leute, und Luis Miguel war trotz seiner Qualen freundlich zu ihnen. Seine Frau und seine ältere Schwester sollten nach Mitternacht mit einem Flugzeug aus Madrid eintreffen.

„Tut mir leid, daß ich nicht in die Krankenstation kommen konnte", sagte ich. „Was machen die Schmerzen?"

„Geht so, Ernesto", sagte er sehr sanft.

„Manolo wird was dagegen unternehmen."

Er lächelte leise. „Hat er schon", sagte er.

„Soll ich welche von den Leuten rausschicken?"

„Arme Leute", sagte er. „Früher hast du so viele rausgeschickt. Ich hab dich vermißt."

„Wir sehen uns in Madrid", sagte ich. „Wenn wir gehen, gehen vielleicht auch welche von den anderen."

„Wir sehen zusammen immer so nett aus in den Zeitungsbeilagen", sagte er.

„Ich besuche dich im Ruber." Ruber war das Krankenhaus.

„Ich hab noch meine Wohnung", sagte er.

Erklärung
der spanischen Stierkampf-Fachausdrücke

(Zusammengestellt aus dem Anhang zu Ernest Hemingways „Tod am Nachmittag“ [1932] und aus dem Vorwort von James A. Michener zur amerikanischen Originalausgabe [1985])

aficionado – Einer, der sich im Stierkampf bis ins Detail auskennt und sich trotzdem dafür begeistert.

alternativa – Formelle Einführung eines Matadorlehrlings oder eines *matador de novillos* zum Matador. Der älteste Matador verzichtet bei diesem Kampf auf sein Recht, den ersten Stier zu töten, und übergibt zum Zeichen dafür dem jungen Stierkämpfer, der zum erstenmal mit anderen Matadoren Stiere töten darf, Degen und *muleta*.

apartado – Das Aussondern der Stiere, gewöhnlich mittags vor dem Kampf; die Tiere werden dabei einzeln und in der beschlossenen Reihenfolge ihres späteren Auftretens in Boxen untergebracht.

arena – Der mit Sand bedeckte Stierkampfplatz.

banderilla – Ein siebzig Zentimeter langer, abgerundeter, mit farbigem Papier umwickelter Holzstab mit harpunenartiger Stahlspitze; wird im zweiten Akt des Stierkampfs paarweise in den Widerrist des Stiers gestochen. Der Widerhaken der Harpune bleibt in der Haut hängen. Die *banderillas* sollen dicht nebeneinander und möglichst hoch auf dem Widerrist plaziert werden.

banderillero – Stierkämpfer, der nach Anweisung des Matadors arbeitet und von diesem bezahlt wird; hilft bei der *capa*-Arbeit und sticht die *banderillas* ein. Ein Matador beschäftigt vier *banderilleros*, die manchmal auch *peónes* genannt werden; die frühere Bezeichnung *chulos* wird heute nicht mehr benutzt. Die *banderillas* werden abwechselnd plaziert: zwei *banderilleros* übernehmen den ersten, die beiden anderen den zweiten Stier. Bis auf Wein, Kaffee und Tabak werden ihre Reisespesen vom Matador bezahlt, der das Geld wiederum vom Veranstalter eintreibt.

barrera – Der rotgestrichene Holzzaun um die Arena, in der mit dem Stier gekämpft wird. *Barrera* heißt auch die erste Sitzreihe.

brío – Mut und Lebhaftigkeit.

burladero – Schutzzaun aus dichtgefügten Brettern am inneren Rand der *barrera*, hinter dem die Stierkämpfer und Treiber notfalls in Deckung gehen können.

callejón – Der zwischen *barrera* und erster Sitzreihe um die Arena führende Gang.

capa – Der beim Stierkampf benutzte Umhang; geschnitten wie das im Winter in Spanien allgemein getragene Cape. Gewöhnlich auf einer Seite aus Rohseide, auf der anderen aus Perkal; schwer, steif und am Kragen verstärkt, kirschfarben außen und gelb auf der Innenseite. Sie sind schwer zu halten und am unteren Rand mit kleinen Korken besetzt. Diese geben, zusammengefaßt, dem Matador Halt, wenn er die *capa* am unteren Ende anfaßt und sie mit beiden Händen schwingt.

capea – Inoffizielle Stierkämpfe oder Stierhatzen auf Dorfplätzen, an denen Amateure und angehende Stierkämpfer teilnehmen. In Teilen Frankreichs oder dort, wo das Töten der Stiere verboten ist, auch eine Nachahmung des offiziellen Stierkampfs, wobei keine *picadores* in Aktion treten und der Tod des Stiers nur vorgetäuscht wird.

chicuelinas – Ein von Manuel Jiminez „Chicuelo" erfundenes Manöver mit der *capa*. Der Kämpfer bietet dem Stier die *capa*, und wenn der Stier angegriffen hat und vorbei ist und wieder wendet, macht der Mann eine Pirouette, bei der sich die *capa* um ihn wickelt. Bei Beendigung der Pirouette steht er dem Stier zu einem neuen Manöver bereit gegenüber.

chulo – Siehe *banderillero*.

cornada – Hornstoß; Hornwunde; eine echte Verletzung im Gegensatz zu einem *varetazo*, einer Quetschung oder Schramme.

corrida oder *corrida de toros* – Der spanische Stierkampf.

cuadrilla – Stierkämpfertruppe, unter dem Befehl eines Matadors, bestehend aus *picadores* und *banderilleros*, von denen einer als *puntillero* arbeitet.

descabellar – Den Stier, nachdem er durch eine *estocada* tödlich verwundet worden ist, von vorn mit dem *descabello*-Degen töten, wobei das Rückenmark durch einen Stoß zwischen Schädelbasis und ersten Wirbel durchtrennt wird. Diesen *coup de grâce* wendet der Matador an, solange der Stier noch auf den Beinen ist. Wenn der Stier halb tot und mit hängendem Kopf dasteht, ist dieser Stoß nicht schwierig, da der Raum zwischen Wirbel und Schädelbasis bei tief gesenktem Kopf freiliegt. Nach einer *estocada*, ob tödlich oder nicht, riskieren allerdings viele Stierkämpfer nicht, noch einmal hineinzugehen und das Horn zu passieren, und versuchen daher zu *descabellar*, auch wenn der Stier noch keineswegs halb tot ist. Dann wird es schwierig und gefährlich, da das Tier nun durch einen Trick dazu gebracht werden muß, den Kopf zu senken und ihn, sobald es den Degen sieht oder spürt, wieder nach oben reißen kann. Gefährlich auch für die Zuschauer, da der Degen beim Hochzucken des Kopfes zehn Meter und mehr in die Luft geschleudert werden kann. Durch derart von Stieren fortgeschleuderte Degen sind in spanischen Arenen schon häufig Zuschauer getötet worden. – Bei der korrekten Art des Tötens mit dem *descabello*-Degen wird die *muleta* tief am Boden gehalten, um den Stier zu zwingen, das Maul zu senken. Dazu kann man ihn auch mit der Spitze des *muleta*-Stocks oder des Degens ins Maul pieksen. Die Klinge des *descabello*-Degens ist gerade und starr, wenn sie korrekt eingestoßen wird, durchtrennt sie das Rükkenmark, und der Stier fällt so plötzlich um, wie Licht ausgeht, wenn man auf den Schalter drückt.

encierro – Der Vorgang, bei dem die von Ochsen umgebenen Kampfstiere aus ihrem Gehege in den *corral* der Arena getrieben werden. In Pamplona geschieht das, indem die Menge vor ihnen durch die Straßen läuft. Dieses Hereintreiben findet um sieben Uhr morgens am Tag des Kampfes statt.

espontáneo – Der Spontane. Im Stierkampf ist alles streng reglementiert; mit einer Ausnahme: gelegentlich – etwa in fünf Prozent aller Stierkämpfe – springt irgendein verträumter Bursche in der Hoffnung auf unsterblichen Ruhm unangekündigt in die Arena, wikkelt sich hastig ein rotes Tuch vom Bauch, stürzt auf den Stier los, holt ihn vom Matador weg und macht mit ihm so viele Manöver wie möglich, bis die *cuadrilla* ihn eingefangen hat und wegbringt. In seltenen Fällen, etwa alle drei Jahre einmal, ist ein *espontáneo* so gut, daß er die Aufmerksamkeit eines Impressario auf sich zieht, der ihn für eine *novillada* verpflichtet. (Michener)

estocada – Degenstoß, bei dem der Matador von vorn hineingeht und versucht, den Degen möglichst hoch zwischen den Schulterblättern des Stiers zu plazieren.

estoque – Der beim Stierkampf benutzte Degen; bleibeschwerter, mit Gamsleder bezogener Knauf, fünf Zentimeter unterhalb davon ein gerades Stichblatt, Griff und Stichblatt sind mit rotem Flanell umwickelt. Die Schneide ist ungefähr 75 Zentimeter lang und an der Spitze nach unten abgebogen, damit sie zwischen Rippen, Wirbeln, Schulterblättern und anderen Knochen, die sich ihr in den Weg stellen können, besser und tiefer eindringen kann. Moderne Degen sind mit ein, zwei oder drei Rinnen oder Kanälen auf dem Klingenrücken versehen, um Luft in die vom Degen verursachte Wunde einzulassen, damit die Schneide nicht wie ein Pfropfen die Wunde verstopft. Die besten Degen werden in Valencia hergestellt; ihr Preis hängt von der Anzahl der Rinnen und der Qualität des verwendeten Stahls ab. Die gewöhnliche Ausrüstung eines Matadors besteht aus vier normalen Degen zum Töten und einem *descabello*-Degen mit gerader und leicht verbreiterter Spitze. Mit Ausnahme des *descabello*-Degens sind die Klingen dieser Degen von der Spitze bis etwa zur Mitte rasiermesserscharf geschliffen. Sie werden in weichen Lederscheiden aufbewahrt; die komplette Ausrüstung wird in einem großen, gewöhnlich verzierten, ledernen Degenkoffer transportiert.

estribo – Metallener Steigbügel des *picadors*; auch die etwa 45 Zentimeter vom Boden entfernte, innen an der *barrera* entlanglaufende Holzleiste, die den Stierkämpfern beim Übersteigen des Zauns hilft.

faena – Die gesamte vom Matador im letzten Drittel des Stierkampfs mit der *muleta* verrichtete Arbeit; auch Arbeit überhaupt.

fiesta – Ferien, Feiertage. *Fiesta de los toros* = der Stierkampf.

larga – Ein Manöver mit vollständig ausgebreiteter und mit einer Hand am Rand gehaltener *capa*, bei dem der Stier zum Mann hingelockt und wieder fortgeschickt wird.

lidia – Kampf. *Toro de lidia* = Kampfstier. Auch der Name der berühmtesten und ältesten Stierkampfzeitung.

mano a mano – Hand in Hand. Ein Duell zwischen zwei anerkannten Matadoren, wobei sich die beiden allein in der Arena befinden und jeder von ihnen drei Stiere tötet. Die Rivalität kann sehr heftig sein, besonders wenn die beiden Matadore nicht gut aufeinander zu sprechen sind. (Michener)

Matador – Der Stiertöter.

media estocada – Eine *estocada*, bei der die Klinge nur zur Hälfte eindringt. Korrekt plaziert, tötet eine *media estocada* einen mittelgroßen Stier ebenso schnell wie eine *estocada*, die mit voller Länge eindringt. Ist der Stier jedoch sehr groß, reicht die Hälfte der Klinge womöglich nicht aus, die Aorta oder andere große Blutgefäße zu durchtrennen und so den Tod schnell herbeizuführen.

media veronica – Abstoppen des Angriffs des Stiers, womit eine Serie von *capa*-Manövern *(veronicas)* beendet wird. Die *media veronica* wird wie die *veronica* mit der *capa* in beiden Händen ausgeführt, und während der Stier von rechts nach links am Mann vorbeigeht, bringt dieser die linke Hand dicht an seine Hüfte, rafft die *capa* mit der rechten Hand an der Hüfte zusammen und verkürzt dadurch die *veronica* und läßt die *capa* nur halbvoll schwingen, so daß der Stier sich um sich selbst dreht, an einer Stelle fixiert wird und der Kämpfer weggehen und dem Stier dabei den Rücken zuwenden kann. Dieses Fixieren geschieht durch das Wirbeln der *capa*, das den Lauf des Stiers unterbricht und ihn zwingt, auf viel zu kleinem Raum zu wenden. Juan Belmonte hat dieses Wirbeln der *capa* zur Vollendung gebracht, jetzt ist es der obligatorische Abschluß jeder Serie von *veronicas*.

muleta – Herzförmiges rotes Tuch aus Serge oder Flanell, das über einen mit Stahlspitze und breitem geriffeltem Griff versehenen Holzstab gefaltet ist. Die scharfe Spitze durchstößt das gefaltete Tuch, dessen freies Ende mit einer Flügelschraube am Griff befestigt ist, so daß das Holz die Falten des Tuchs trägt. Die *muleta* wird benutzt, um sich zu verteidigen, um den Stier zu ermüden, um die Haltung des Kopfes und die Beinarbeit zu regulieren, um Manöver von mehr oder weniger ästhetischem Wert auszuführen und als Hilfe beim Töten.

natural – Linkshändiges Manöver mit tiefgehaltener *muleta*, bei dem der Kämpfer den Stier von vorn herausfordert; er stellt sein rechtes Bein in Richtung des Stiers, hält die *muleta* mit der linken Hand in der Mitte des Stocks, streckt das Tuch weit von sich und schwingt es dem Stier sacht entgegen, um ihn in Bewegung zu bringen; diese Schwingung ist für den Zuschauer kaum wahrnehmbar; wenn der Stier angreift und an die *muleta* kommt, dreht sich der Mann, den Arm gerade ausgestreckt, mit ihm, läßt die *muleta* langsam vor dem Stier herschwingen und diesen einen Viertelkreis beschreiben; zur Beendigung des Manövers wird die *muleta* durch eine ruckartige Bewegung des Handgelenks hochgewirbelt; hierdurch wird der Stier für das nächste Manöver in Stellung gebracht. Der *natural* ist das grundlegende Manöver im Stierkampf, er ist das übersichtlichste, er läßt die größte Reinheit der Linienführung zu, und er ist am gefährlichsten auszuführen.

novillada – In der heutigen Zeit treten bei einer *novillada* Stierkämpfer an, die entweder niemals den Titel *matador de toros* besessen oder aus irgendwelchen Gründen auf ihn verzichtet haben, und kämpfen gegen Stiere, die für einen offiziellen Stierkampf aus Altersgründen (wenn sie weniger als vier oder über fünf Jahre alt sind) oder wegen mangelhaften Sehvermögens oder defekter Hörner nicht zugelassen sind. Eine *novillada*, auch *corrida de novillos-toros* genannt, entspricht in jeder Beziehung einem regulären Stierkampf, von der Qualität der Stiere und der Unerfahrenheit oder dem eingestandenen Versagen der Stierkämpfer einmal abgesehen. Die meisten Stierkämpfer, die in der Arena ums Leben kommen, sterben bei den *novilladas*, da dort Leute ohne große Erfahrung mit überdurchschnittlich gefährlichen Stieren in kleinen Städten kämpfen, deren Arenen häufig nur über die primitivsten Einrichtungen für Operationen und nicht über einen in der speziellen Behandlung von Hornwunden ausgebildeten Chirurgen verfügen.

novillero – Ein Matador, der mit *novillos-toros* (siehe *novillada*) kämpft. Er kann entweder ein Anwärter sein oder ein Matador, der nicht ausreichend Geld verdienen konnte und auf der Suche nach Kontrakten auf seine *alternativa* verzichtet hat.

novillo – Stier, der bei *novilladas* zum Einsatz kommt.

pase – Manöver mit *capa* oder *muleta*; eine Bewegung des Lockmittels, um das Tier zum Angriff zu bringen, wobei seine Hörner am Körper des Mannes vorbeikommen.

paseo – Einzug der Stierkämpfer in die Arena.

patio de caballos – Hofraum der Pferde. Hier versammeln sich die Stierkämpfer etwa eine Viertelstunde vor Beginn der *corrida*. Sie sprechen mit Bewunderern und treten selbst als Bewunderer auf, wenn sie von schönen jungen Frauen begrüßt werden. (Michener)

pecho – Brust. Der *pase de pecho* ist ein Manöver am Ende eines *natural*, bei dem die *muleta* in der linken Hand gehalten wird. Der Stier greift, nachdem er gewendet hat, von neuem an, der Matador läßt ihn an seiner Brust vorbeikommen und treibt ihn mit einer Schwenkung der *muleta* fort. Jede Serie von *naturales* sollte mit einem *pase de pecho* abgeschlossen werden. Er kann auch vorzüglich vom Stierkämpfer angewendet werden, um einen unerwarteten Angriff des Stiers abzuwehren oder einer plötzlichen Wendung des Stiers zu begegnen. In solchen Fällen nennt man dieses Manöver ein *forzado de pecho* oder erzwungenes Manöver. *Preparado* oder vorbereitet nennt man es, wenn es als Einzelmanöver, ohne vorausgegangenen *natural*, ausgeführt wird. Dasselbe Manöver kann auch mit der rechten Hand gemacht werden, aber dann ist es kein echter *pase de pecho*, da beim echten *natural* und beim echten *pase de pecho* die *muleta* in der linken Hand gehalten wird. Hält man die *muleta* in der rechten Hand, so wird das Tuch vom Degen, der immer in der rechten Hand gehalten werden muß, gespreizt und der Köder dadurch viel größer gemacht, was es dem Matador ermöglicht, den Stier in größerer Entfernung zu halten und ihn nach jedem Angriff weiter wegzutreiben. Die Arbeit mit der in der rechten Hand gehaltenen und vom Degen ausgebreiteten *muleta* ist nicht selten ausgezeichnet und sehr verdienstvoll, aber es mangelt ihr an der Schwierigkeit, der Gefährlichkeit und der Ehrlichkeit der Arbeit, die mit der *muleta* in der linken und dem Degen in der rechten Hand gemacht wird.

peón – Banderillero; ein Torero, der zu Fuß für den Matador arbeitet.

pica – Die beim Stierkampf benutzte Lanze. Sie besteht aus einem Eschenholzschaft von zweieinhalb bis zweidreiviertel Meter Länge und hat eine dreieckige,

29 Millimeter lange Stahlspitze. Der Kopf des Schafts oberhalb der Stahlspitze ist mit Schnur umwickelt, daran schließt sich ein rundes, metallenes Stichblatt an, damit die *pica* nicht tiefer als höchstens 108 Millimeter in den Stier eindringen kann. Das heute verwendete Modell nimmt den Stier schwer mit, und Stiere, die richtig angreifen und auch unter der Bestrafung nicht lockerlassen, können selten mehr als vier *picas* einstecken, ohne viel von ihrer Kraft einzubüßen.

picador – Der Mann, der auf Anweisung des Matadors die Stiere vom Pferd aus picat. Sein rechtes Bein und sein rechter Fuß sind unter der Gamslederkniehose gepanzert; er trägt eine kurze Jacke, Hemd und Krawatte wie jeder andere Stierkämpfer und einen breiten, flachen Filzhut mit einem Pompon an der Seite. *Picadores* werden selten vom Stier aufgespießt, da die Matadore sie mit der *capa* schützen müssen, wenn sie auf der Seite des Stiers vom Pferd fallen. Fallen sie auf die andere Seite, sind sie durch das Pferd geschützt. *Picadores* brechen sich häufig die Arme, den Kiefer, die Beine und die Rippen und gelegentlich auch den Schädel. Im Verhältnis zu den Matadoren werden nur wenige *picadores* in der Arena getötet, aber viele leiden ständig an Gehirnerschütterung. Von allen schlechtbezahlten Berufen im Zivilleben halte ich diesen für den härtesten und gefährlichsten, da sich der *picador* ständig dem Tod gegenübersieht, der aber glücklicherweise fast immer von der *capa* des Matadors abgehalten wird.

picaren – Eins jener Wörter, die sich nicht so recht übersetzen lassen. Bezeichnet die Tätigkeit des *picadors*, das Bestrafen des Stieres durch Hineinstoßen der schweren Lanze in den großen Nackenmuskel des Stiers. (Michener)

plaza – Arena.

poder a poder – Stärke gegen Stärke. Eine Methode, *banderillas* zu plazieren.

presidencia – Stierkampfleitung.

profilieren – Die Vorbereitung für das Hineingehen; die linke Schulter ist dem Stier zugewandt, der Degen am Körper des Matadors ausgerichtet, die zusammengerollte *muleta* wird in der linken Hand gehalten. Je näher dies am Stier gemacht wird, desto weniger Chancen hat der Mann, auszuweichen und zu entkommen, falls der Stier in dem Augenblick, in dem der Mann zustößt, nicht dem Tuch folgt.

puntilla – Der zum Töten eines tödlich verwundeten Stiers oder Pferdes benutzte Dolch.

puntillero – Derjenige, der im Bedarfsfall den Stier mit der *puntilla* tötet.

quite – Von *quitar* = wegholen. Wegholen des Stiers von jedem, den er in unmittelbare Gefahr gebracht hat. Bezieht sich speziell auf das Fortholen des Stiers nach einem Angriff auf die *picadores* durch die mit *capas* bewaffneten Matadore, die den Stier nach jedem Angriff der Reihe nach übernehmen. Der Matador, der den Stier töten soll, macht die erste *quite,* die übrigen folgen einer nach dem andern. Früher ging man bei der *quite* mit der *capa* dicht an den Stier heran, holte ihn von dem gestürzten Pferd oder dem *picador* weg und brachte ihn für den nächsten *picador* in Stellung; heute ist für jede *quite* eine ganze Serie von Schwüngen mit der *capa* obligatorisch; man setzt dabei voraus, daß die Matadore miteinander wetteifern und versuchen werden, den Stier möglichst dicht und kunstvoll an sich vorbeigehen zu lassen. An einer *quite*, durch die der Stier von einem am Boden liegenden Mann weggeholt werden soll, den er gerade aufgespießt hat oder aufspießen will, beteiligen sich alle Stierkämpfer, und dies ist der Augenblick, in dem man ihren Mut, ihre Stierkenntnis und den Grad ihrer Selbstverleugnung beurteilen kann, denn eine *quite* unter diesen Umständen ist äußerst gefährlich und sehr schwierig. Um den Stier von seinem Angriffsziel wegzuholen, muß man nämlich so dicht an ihn herangehen, daß es keine Rückzugsmöglichkeit gibt, falls der Stier seine Angriffsrichtung ändert.

recibir – Den Stier von vorn töten, indem man seinen Angriff mit dem Degen erwartet, ohne die Füße zu bewegen; die *muleta* wird dabei tief in der linken, der Degen in der rechten Hand gehalten, wobei sich der rechte Unterarm in Brusthöhe dem Stier entgegenstreckt; wenn der Stier herankommt und die *muleta* annimmt, wird der Degen mit der rechten Hand hineingestoßen. Gleichzeitig lenkt die linke Hand mit der *muleta* den Stier, wie bei einem *pase de pecho*, nach außen; auch hierbei bewegen die Füße sich nicht, bis der Degen eingedrungen ist. Äußerst schwierige, gefährliche und aufregende Art, Stiere zu töten. In heutiger Zeit selten zu sehen.

redondel – Synonym für die Stierkampfarena.

redondo – *En redondo* – mehrere Manöver, wie etwa *naturales*, hintereinander, wobei Matador und Stier schließlich einen vollständigen Kreis beschreiben; jedes Manöver, das auf eine Kreisbewegung hinausläuft.

remate – Ende, Abschluß. Ein meisterhaftes Manöver, das ich schon oft gesehen habe, aber immer noch nicht glauben kann. Der Matador will den Stier am Ende einer Serie von Manövern in eine feste Position bringen, um sich auf die nächste Serie vorbereiten zu können. Dies gelingt ihm durch eine ruckartige Handbewegung, die das Ende der *capa* herumwirbeln läßt, was den Stier völlig aus der Fassung bringt, da er den Kämpfer zwar sieht, ihn aber anscheinend nie zu fassen kriegen kann. „Zum Teufel mit diesem Unsinn", scheint der Stier zu denken und bleibt regungslos stehen. (Michener)

sobresaliente – Ersatzmann. Wenn zwei Matadore sechs Stiere zu töten haben, zieht als Ersatzmann ein Novillero oder Matador-Anwärter mit ihnen in die Arena ein. Er muß die Stiere töten, falls beide Matadore verwundet werden und nicht mehr weiterkämpfen können. Er soll mit seiner *capa* auch beim Plazieren der *banderillas* helfen. Gewöhnlich gestehen ihm die Matadore gegen Ende des Kampfs eine oder zwei *quites* zu.

sorteo – Aufteilen der Stiere und Ziehen der Lose vor dem Kampf; hierbei wird festgelegt, welche Stiere von welchem Matador getötet werden sollen.

toreo – Die Kunst des Stierkampfs. *Toreo de salon* = Training mit *capa* und *muleta* zur Verbesserung des Stils, ohne Stier; unentbehrlich für jeden Matador.

Torero – Berufsmäßiger Stierkämpfer. Toreros sind Matadore, Banderilleros und Picadores.

toril – Das Gehege, aus dem die Stiere zum Kampf in die Arena kommen.

truco – Trick.

vara – Stange; *pica*, die beim Stierkampf benutzt wird.

veronica – Manöver mit der *capa*, so genannt, weil die *capa* hierbei ursprünglich so mit beiden Händen gehalten wurde, wie die heilige Veronika auf religiösen Abbildungen das Tuch hält, mit dem sie Christus das Gesicht trocknete. Es hat also nichts damit zu tun, daß der Matador dem Stier das Gesicht abwischt, wie ein über Spanien schreibender Autor vermutet hat. Bei der *veronica* steht der Matador dem Stier entweder gegenüber, oder er profiliert, das linke Bein ein wenig vorgestellt, und bietet ihm die beidhändig gehaltene *capa*. Hierzu nimmt er die unteren, vorderen Zipfel der *capa* an den angenähten Korken in beide Hände, hebt sie an und rafft den Stoff zusammen, so daß er einen sicheren Griff hat; die Finger sind nach unten, die Daumen nach oben gerichtet. Der Matador wartet den Angriff des Stiers ab, bis seine Hörner sich senken, um in die *capa* zu stoßen; in diesem Augenblick läßt er die *capa* mit einer gleitenden Bewegung der Arme vor dem Angriff des Stiers herschwingen, die Arme gesenkt, so daß Kopf und Körper des Stiers ihn in Taillenhöhe passieren. Dann führt er den Stier mit der *capa* weg, wobei er sich leicht auf den Zehenspitzen oder den Fußballen dreht. Am Ende des Manövers, wenn der Stier kehrtmacht, steht der Mann so, daß er das Manöver wiederholen kann, diesmal mit leicht vorgestelltem rechtem Bein; wieder zieht er die *capa* vor dem Stier her, so daß er nun in entgegengesetzter Richtung an ihm vorbeigeht. Täuschungsmanöver bei der *veronica* sind unter anderem folgende: beim Angriff des Stiers einen Schritt zur Seite machen, um weiter von den Hörnern entfernt zu sein; die Füße zusammenschließen, sobald das Horn vorüber ist; sich zu dem Stier hinbeugen oder sich ihm nähern, sobald das Horn vorüber ist, damit es so aussieht, als ob man das Horn dicht an sich habe vorbeigehen lassen. Ein Matador, der bei der *veronica* keine Täuschungsmanöver anwendet, kann den Stier so dicht an sich vorbeigehen lassen, daß die Hörner die goldene Rosettenverzierung an seiner Jacke abreißen. Manche Matadore fordern einen Stier zuweilen auch mit geschlossenen Füßen heraus, machen eine Serie *veronicas* mit ihm und lassen ihre Füße so unbeweglich stehen, als seien sie am Boden angenagelt. Dies kann man aber nur mit einem Stier machen, der von sich aus kehrtmacht und seine Angriffe immer in gerader Linie führt. Wenn der Stier am Ende eines Manövers durch eine Schwingung mit der *capa* zum Wenden veranlaßt werden muß, müssen die Füße ein wenig auseinanderstehen, falls man ihn zu mehrmaligen Angriffen bringen will. Auf jeden Fall ist das Verdienst einer *veronica* nicht davon abhängig, ob die Füße zusammen oder auseinander stehen, sondern ob sie vom Beginn des Angriffs an unbeweglich bleiben, bis der Stier vorbeigegangen ist, und auch von der Nähe, in der der Kämpfer das Horn des Stiers an seinem Körper vorbeigehen läßt. Je langsamer, je gleitender und je tiefer der Mann die *capa* schwingt, um so besser ist die *veronica*.

Nachwort

Im Herbst 1924 erschien in der deutschen Avantgarde-Zeitschrift „Der Querschnitt", die von Alfred Flechtheim, dem Leiter des Propyläen-Verlages, 1920 in Berlin gegründet worden war, eine Erstveröffentlichung des noch unbekannten Ernest Hemingway in englischer Sprache: das sechsteilige Gedicht „The Soul of Spain with McAlmon and Bird the Publishers". Zusammen mit seinen Freunden Robert McAlmon und William Bird, den Verlegern seiner ersten beiden Bücher („Three Stories & Ten Poems", 1923, und die Pariser Ausgabe von „in our time", 1924), hatte Hemingway von Paris aus 1923 seine erste Spanienreise unternommen; über Madrid und Sevilla waren sie auch nach Ronda mit seiner uralten Stierkampfarena hoch in den Bergen über Málaga gekommen. Wenige Wochen nach diesem ersten Aufenthalt zog es Hemingway erneut nach Spanien. Diesmal nahm er seine Frau Hadley mit, die im sechsten Monat schwanger war. Gertrude Stein hatte ihnen geraten, nach Pamplona zu gehen, der Hauptstadt der nordspanischen Provinz Navarra, um die Fiesta von San Fermín zu erleben. Das „Weltfest der Stierkämpfer", wie Hemingway dieses Spektakel in einem Artikel für den „Toronto Star Weekly" nannte, fand alljährlich vom 6. bis 12. Juli statt und lockte Stierkampfenthusiasten aus ganz Spanien an. In einem Brief an Bill Horne, einen ehemaligen Kriegskameraden und Zimmergenossen in Chicago, schwärmt Hemingway von dem nächtlichen Trubel in der Stadt, den baskischen *riau-riau*-Tänzen, der Rohrflöten- und Querpfeifenmusik und der morgendlichen Eröffnung der Fiesta, wenn die Stiere, die am Nachmittag kämpfen sollen, aus ihrer Einfriedung vor der Stadt losgelassen werden und durch die abgesperrten Straßen zu ihren *corrals* in der Arena laufen, ihnen voraus die jungen Männer Pamplonas. Nicht ohne Stolz erwähnt er, daß sie die einzigen Ausländer seien, die dieses Schauspiel miterlebten, und spricht vom Stierkampf als einer Tragödie, die mehr Mut und Geschicklichkeit und Grazie im Angesicht der Todesgefahr verlange als irgend etwas anderes. In seinem Überschwang verspricht er sich einen günstigen Einfluß auf das Ungeborene, von dem er überzeugt ist, daß es ein Junge werden würde. Als dann im Oktober 1923 tatsächlich ein Sohn in Toronto zur Welt kommt, nennen sie ihn John Hadley Nicanor zu Ehren des spanischen Stierkämpfers Nicanor Villalta, den sie beide in Pamplona bewundert hatten.

Hemingways literarische Ausbeute seiner ersten Stierkampferlebnisse waren einige Kurzprosastücke, in denen er versuchte, in einer kargen, stark verknappten Form wesentliche Augenblicke zwischen Leben und Tod zu gestalten. Diese stilistischen Experimente wurden, zusammen mit anderen Miniaturen, in der Pariser Ausgabe von „in our time" veröffentlicht und in der amerikanischen Neuauflage 1925 (In unserer Zeit, 1932) als Zwischenkapitel verwendet. Die erste längere Erzählung war eine Huldigung an einen seiner Lieblingsmatadore, Manuel García López, Maëra genannt, der in der Arena von Madrid seinen letzten Kampf austrägt und sich durch seinen beispielhaften Mut das Recht erwirbt, den Stierkampfzopf, das Zunftzeichen des Berufsmatadors, zu behalten. Schwer verwundet und vom Publikum gedemütigt, bleibt er doch unbesiegt. „The Undefeated" (Der Unbesiegte, 1929) wurde Ende 1924 vom „Querschnitt" angenommen und erschien 1925 in zwei Teilen unter dem Titel „Stierkampf" in den Heften 6 und 7. Dies war die erste deutsche Übersetzung eines Prosastückes von Hemingway sowie die erste Veröffentlichung der Story überhaupt. Der damalige Herausgeber des „Querschnitt", Hans von Wedderkop, gab dem ersten Teil von „Stierkampf" vier Seiten Fotomaterial von spanischen und portugiesischen Stierkämpfen bei, darunter eine Aufnahme, die als „Photo Hemmingway" ausgewiesen wurde, eine Schreibung des Namens, die er sich nicht nur einmal gefallen lassen mußte.

Spätestens mit der Veröffentlichung von „Fiesta" (The Sun Also Rises, 1926), Hemingways erster Buchpublikation in Deutschland 1928, konnte der Leser den Eindruck gewinnen, daß der Autor vom Tod in der Arena seltsam angezogen war. Das bestätigte Hemingway in einem Brief an seinen Freund und Schriftstellerkollegen Francis Scott Fitzgerald vom Sommer 1925 aus Spanien. Und John Dos Passos vertraute er bereits im Frühjahr des gleichen Jahres an, daß er vom „Querschnitt" den Auftrag habe, ein Buch über den Stierkampf herauszubringen, mit vielen Fotos und Illustrationen von Pablo Picasso und Juan Gris, ein Vorhaben, das in dieser Form allerdings nie realisiert wurde.

Das Ritual des Stieretötens schien Hemingway zu faszinieren und paßte genau zu den Posen, die er in der Öffentlichkeit häufig einnahm. Nicht erst seit dem Erscheinen des nachgelassenen Romans „The Garden of Eden" (1986) weiß man, daß der Kriegsberichterstatter, Großwildjäger und Hochseefischer nicht jener „Marlboro-Mann der amerikanischen Literatur" war, zu dem ihn die Zeitschrift „Time" gekürt hatte. Doch die Ursachen für Hemingways Corrida-Begeisterung liegen tiefer. In „Tod am Nachmittag" (Death in the Afternoon, 1932, deutsch 1957) gibt er darüber Auskunft: „Der einzige Ort, wo man Leben und Tod sehen konnte, das heißt gewaltsamen Tod, war die Arena, da die Kriege vorbei waren … Ich versuchte, schreiben zu lernen, indem ich mit den einfachsten Dingen begann, und eins der allereinfachsten Dinge und das fundamentalste ist der gewaltsame Tod." Seit seiner Verwundung im ersten Weltkrieg wurde Hemingway von traumatischen Ängsten geplagt, die er durch die bewußte Annäherung an Orte des gewaltsamen Sterbens abzubauen suchte. Die ritualisierte Begegnung mit dem Tod in der Arena als typisch männliche Bewährungsprobe, bei der das Unvermeidliche hinausgeschoben und für Sekunden scheinbar beherrscht wird, bot ihm ebenfalls die Möglichkeit, sich mit dieser Endsituation vertraut zu machen.

Obwohl sich das „Querschnitt"-Projekt zerschlug, setzte Hemingway seine Stierkampfstudien in Spanien fort, dem Land, das er, außer dem eigenen, mehr als jedes andere liebte. Nachdem er, laut Angaben seines Biographen Carlos Baker, in zehn Jahren die Tötung von 1500 Stieren miterlebt hatte, erschien 1932 „Death in the Afternoon", das nach wie vor beste Kompendium der Tauromachie in englischer Sprache. Um den Matador als Künstler zu begreifen, der unter Bewahrung der eigenen Würde im Angesicht des Todes sein Kunstwerk schafft, studierte Hemingway die spanische Mentalität und machte sich mit den tiefverwurzelten Traditionen der verschiedenen Regionen und ihrer Bewohner vertraut. Dadurch entstand eine enge Beziehung zu Land und Leuten, die einen nicht zu unterschätzenden Einfluß auf sein Engagement im spanischen Bürgerkrieg hatte. Nie wieder sollte sich Hemingway öffentlich so vorbehaltlos und konsequent für eine Sache einsetzen und zu politischen Entwicklungen Stellung nehmen wie in den Jahren 1937 bis 1939. Obwohl Hemingway auf beiden Seiten der Front gute Freunde hatte und in seiner literarischen Verarbeitung des Bürgerkrieges die im eigenen Lager begangenen Grausamkeiten nicht ausspart, läßt er keinen Zweifel daran, wo er steht.

Nach fünfzehn Jahren betritt Hemingway 1953 mit seiner vierten Frau, Mary Welsh, erstmals wieder spanischen Boden. Die Vorbedingung dafür, daß keiner seiner Freunde aus der Zeit des Bürgerkrieges mehr unter dem Franco-Regime inhaftiert sein dürfe, schien erfüllt. Zusammen mit Mary suchte Hemingway einige der Schlachtfelder von 1937 auf und zeigte ihr jene Gegend, die den Hintergrund für den Roman „Wem die Stunde schlägt" (For Whom the Bell Tolls, 1940) abgegeben hatte. Der Abstecher nach Spanien vor seiner Afrikasafari, die mit zwei Flugzeugabstürzen endete, galt jedoch vornehmlich dem Stierkampf. In Pamplona sahen sie zum ersten Mal Antonio Ordóñez in der Arena. Mit diesem „historischen Ereignis", wie Hemingway schreibt, setzt der Erlebnisbericht „Gefährlicher Sommer" ein. Die Begegnung mit dem Sohn von Cayetano Ordóñez, auch Nino de la Palma genannt, der als Pedro Romero in „Fiesta" verewigt ist, sollte ihn in den folgenden Jahren herausfordern, „die absolute Wahrheit über seine (Antonio Ordóñez') Arbeit und seinen Platz im Stierkampf zu berichten, damit dies für die Dauer überliefert werde, etwas, das über unseren Tod hinaus bleiben würde".

Nach 1954 und 1956 besuchte Hemingway 1959 erneut die Pyrenäenhalbinsel, um den Anhang von „Tod am Nachmittag" zu aktualisieren und das Buch gegebenenfalls um wichtige Aspekte zu ergänzen. Auf Einladung ihres reichen amerikanischen Freundes Bill Davis richteten sich die Hemingways auf dem Landsitz La Consula in den Bergen über Málaga ein, wo Hemingway sich sofort heimisch fühlte; er hatte sich vorgenommen, an seinen Pariser Skizzen weiterzuarbeiten, die als „A Moveable Feast" (1964; Paris – ein Fest fürs Leben) erst postum erscheinen sollten, und mit den Aufzeichnungen über den Stierkampf für einen 10000-Wörter-Artikel zu beginnen, den er mit der amerikanischen Illustrierten „Life" vereinbart hatte. Im Jahr 1952 war in einer Nummer von „Life" der Vorabdruck von „The Old Man and the Sea" ein sensationeller Erfolg gewesen, und die Herausgeber versprachen sich von einem Bericht des nunmehrigen Nobelpreisträgers (seit 1954) über die Rivalität der damals prominentesten spanischen Stierkämpfer eine ähnliche Resonanz, zumal Hemingway mit beiden befreundet war. Luis Miguel Dominguín, Freund der Hollywood-Schauspielerin Ava Gardner, war zeitweilig Gast in der Finca Vigía auf Kuba gewesen, Antonio Ordóñez, Hemingways erklärter Liebling der 1959er Saison, sollte, nach beider Vergleichskampf in Bilbao, ebenfalls die Finca besuchen.

Hemingway hatte sich vorgenommen, Ordóñez auf seiner Tournee quer durch Spanien zu begleiten, um wahrheitsgetreu darüber schreiben zu können. Von Bilbao und Burgos im Norden geht es bis nach Málaga und Algeciras im äußersten Süden. Häufig sind, nach ermüdenden Nachtfahrten, die nächsten Kämpfe bereits für den kommenden Tag angesetzt. Hemingway folgt den strapaziösen und nervenaufreibenden Auftritten Ordóñez' mit der Besessenheit eines Tauromanen, der weiß, daß sein Idol den Tod für Dominguín „im Gepäck hat", wie er seinem Freund und Reisegefährten Aaron E. (Ed) Hotchner erklärt. Noch einmal vermeint Hemingway jene jugendliche Frische und unverbrauchte Kraft zu spüren, die ihn schon in den zwanziger Jahren durch die Straßen und Kneipen Pamplonas zur Zeit der Fiesta trieb. In Pamplona trifft er seinen alten Freund und *aficionado* Juanito Quintana wieder, den Hotelbesitzer Montoya aus „Fiesta", findet das Irati-Flußtal, dessen Wälder er 1925 durchstreift hatte, unverdorben vor und kommt in seinen Geheimlokalen ebenso auf seine Kosten wie vor über dreißig Jahren. „Die einstmals jungen Gesichter waren jetzt alt wie meins, aber keiner hatte vergessen, wie wir einmal waren ... Kein Mund war verbittert, ganz gleich, was die Augen inzwischen alles gesehen hatten.

Bittere Falten um den Mund sind die ersten Anzeichen der Niederlage. Keiner hatte sich besiegen lassen."

War für Hemingway die faktenbezogen-autobiographische Schreibweise immer ein Mittel zur eigenen künstlerischen Standortbestimmung und ein willkommener Anlaß für literarische Äußerungen gewesen (z. B. in „Death in the Afternoon" und in „Green Hills of Africa", 1935), bleibt dies im „Gefährlichen Sommer" ausgespart. Zwar sind die Bilder in gewohnter Weise bestechend genau, doch spürt man in der Beschreibung seiner grenzenlosen Verehrung etwa für Antonio Ordóñez, dem er seine Freundschaft, Beratertätigkeit und väterliche Fürsorge geradezu aufdrängt, den glücklosen Versuch, die Stimmungen vergangener Tage heraufzubeschwören. Der Schilderung der *corridas* in Madrid, Sevilla, Córdoba, Zaragoza und anderen Städten in ihren unterschiedlichen Abläufen haftet etwas Stereotypes an; fast drei Jahrzehnte nach den tatsächlichen Ereignissen berührt weniger der zum Mythos erhobene Sport als vielmehr das Schicksal des sechzigjährigen Autors, der überall auf die Spuren seiner Jugend trifft. Und trotzdem fällt es schwer, in diesem nostalgischen Rückblick jenen Hemingway zu entdecken, der an der Seite der Republikaner für ein demokratisches Spanien kämpfte und den Kommentar zu dem Dokumentarfilm „Spanische Erde" schrieb. Auf der Fahrt von Valencia nach Barcelona überquert Hemingway den Ebro, „... der uns einmal ebensoviel bedeutet hatte wie die Marne oder die Aisne", bei Amposta, jenem Ort, an dem er im April 1938 auf einen alten, vor den Faschisten fliehenden Spanier getroffen war. Aus dieser Begegnung wurde die neunundvierzigste seiner gesammelten Stories, „Alter Mann an der Brücke". Hemingways Assoziationen sind spärlich und bleiben, bis auf die Ermordung García Lorcas, recht vage. Seine Zurückhaltung ist nicht nur ein Tribut an das politische Klima der Jahre 1959/60 in den USA, sondern sollte ihm die Möglichkeit offenhalten, jederzeit nach Spanien zurückkehren zu können.

Der Titel „Gefährlicher Sommer" (The Dangerous Summer) bezieht sich auf die Rivalität zwischen Dominguín und Ordóñez, weist auf den heißen, windigen Sommer, die „vielen schrecklichen Aufspießungen und Hornwunden" hin, wie sie – soweit man sich erinnerte – noch nie vorgekommen waren und nimmt praktisch die Ereignisse von 1960, der letzten Stierkampfsaison, die der Autor erleben sollte, vorweg. In seiner Nobelpreisrede hatte Hemingway seinerzeit vor dem negativen Einfluß gewarnt, den öffentliches Ansehen auf das Schreiben haben könne, und von einem wahren Schriftsteller gefordert, stets darzustellen, „was noch nie gemacht worden ist, oder das, was andere versucht und nicht fertiggebracht haben". Doch gerade dieser Ruhm, der Rummel um sein Privatleben, dem er sich nicht einmal auf Kuba entziehen konnte, behinderten ernsthaft Hemingways Arbeit. Hinzu kamen die Nachwirkungen der Flugzeugabstürze vom Januar 1954, Konzentrationsmängel und ein nachlassendes Erinnerungsvermögen. Obwohl Hemingway in den fünfziger Jahren an verschiedenen Romanprojekten arbeitete, hielt er nach „Der alte Mann und das Meer" keines davon für reif genug und für künstlerisch überzeugend. Hatte er sich in Briefen an Freunde und seinen Verleger Charles Scribner oft selbstgefällig als Champion bezeichnet, der es im Ring mit jedem Schriftsteller aufnehmen würde, und seine stetige Produktivität mit der Anzahl der täglich geschriebenen Wörter unterstrichen, mußte er sich bei der Arbeit am „Gefährlichen Sommer" eingestehen, daß er jene Flut von Wörtern nicht mehr eindämmen konnte.

Hemingway begann noch in Spanien, im Oktober 1959, mit der Niederschrift des Berichts für „Life", setzte die

Aufzeichnungen nach einigen Unterbrechungen im Januar auf Kuba fort und hatte bis zum Abgabetermin im April bereits über 60000 Wörter geschrieben, ohne daß ein Ende abzusehen war. Aaron E. Hotchner teilte er mit, er hätte „Life" um einen Aufschub bis Ende Mai gebeten, um eine richtige Geschichte daraus zu machen. „... als ich mich verpflichtete, den Artikel zu schreiben, sah es ganz so aus, als würde der eine oder andere der beiden Männer getötet werden ... Statt dessen stellte sich heraus, daß einer den anderen nach und nach zugrunde richtete, mit allen Voraussetzungen und Konsequenzen." Die Vorstellung, diese außergewöhnlichen Umstände nicht überzeugend genug geschildert zu haben, ließ ihm keine Ruhe. Ende Mai 1960 schloß er den „Gefährlichen Sommer" vorerst ab. Verunsichert und mit einem sich verschlimmernden Augenleiden stand er 120000 Wörtern gegenüber, unfähig, das Manuskript ohne fremde Hilfe auf die gewünschte Länge zu kürzen. Mit der Unterstützung Hotchners, der in seiner Biographie „Papa Hemingway" (1966) den raschen geistigen und körperlichen Verfall seines Freundes sowie die Schwierigkeiten bei der Überarbeitung des Manuskripts beschreibt, gelang es Hemingway schließlich, knapp die Hälfte der Wörter zu streichen. Für 90000 Dollar, zuzüglich 10000 Dollar für das Veröffentlichungsrecht in der spanischen Ausgabe, kaufte „Life" eine Auswahl der gekürzten Fassung, von der 35000 Wörter unter dem Titel „Gefährlicher Sommer" in drei aufeinanderfolgenden Nummern im September 1960 erschienen. Gleichzeitig kündigte der Verlag Charles Scribner's Sons für 1961 die umfangreichere Buchausgabe an. Fast 25 Jahre dauerte es, bis der amerikanische Verlag 1985 die vorliegende 45000 Wörter-Version doch noch veröffentlichte.

Am 5. August 1960 war Hemingway erneut in Spanien eingetroffen, um dort vorgeblich die Praxis des Stutzens der Hörner noch eingehender zu studieren und weitere Fotos zu sammeln. Gleichzeitig wurden seine Zweifel an der Lauterkeit des Manuskripts immer bestimmender. Der Versuch, inkognito zu bleiben, mißlang; um Journalisten und Fans zu entkommen, wählte er die billigsten Plätze auf der Sonnenseite der Arenen. Seiner Frau Mary schrieb er, daß er einen „vollständigen physischen und nervlichen Zusammenbruch durch tödliche Überarbeitung" befürchte. Kurz vor Erscheinen der ersten Folge in „Life" (am 5.9.1960) erreichten Hemingway in Madrid die Korrekturfahnen, die ihn in Depressionen und heftige Selbstvorwürfe stürzten. Er weigerte sich, sein Hotelzimmer zu verlassen, schickte Telegramme an „Life", in denen er versuchte, seine Dominguín zugefügten Ungerechtigkeiten zu korrigieren, und bezeichnete die in der Ausgabe verwendeten Fotos als „... genau die Art von Bildern, die Fotografen verwenden, um Stierkämpfer zu erpressen. Jeder, der etwas vom Stierkampf versteht und das gesehen hat, wird über mich lachen. Ich stehe da als der größte Gauner und Betrüger aller Zeiten." Gegenteilige Beteuerungen von Freunden fruchteten nicht.

Von all den drohenden Anzeichen ist im „Gefährlichen Sommer" wenig zu spüren. Der 60. Geburtstag auf La Consula wird zu einem gelungenen Fest, befremdende psychische Störungen und sein rüdes Verhalten seiner Frau gegenüber, das sie veranlaßt, eher als geplant abzureisen, werden nicht erwähnt. Auch wollte er nicht bemerken, daß nicht er es war, der im Mittelpunkt der Bewunderung von Touristen, Schickeriatypen und autogrammversessenen amerikanischen college kids stand, sondern das zum Idol erkorene Abbild seines Kultbuches „Fiesta". Tief betroffen von der schwindenden Kritikfähigkeit eigenen Arbeiten gegenüber, überließ der Autor erstmals die Entscheidung, ob der „Gefährliche

Sommer" oder seine Erinnerungen an Paris zuerst erscheinen sollten, seinem Verleger. Der Hemingway, der von seiner letzten Spanienreise in New York eintraf, machte den Eindruck eines argwöhnischen und gehetzten alten Mannes. War sonst die Einsamkeit des Schreibens voll von Bildern, Vorstellungen und ihn bedrängenden Einfällen gewesen, saß er nun stundenlang am Schreibtisch, ohne eine Zeile aufs Papier zu bringen. Klinikaufenthalte, Selbstmordversuche, die panische Angst vor Verfolgung, vor Steuerfahndern, dem FBI, sein verletzendes Mißtrauen stellten eindeutige Symptome einer Krankheit dar, die nicht mehr aufzuhalten war.

Hemingways große Anziehungskraft „liegt wahrscheinlich in seiner Mischung aus Lebensfrische und Geheimnis", schrieb Klaus Mann 1930 nach der Lektüre der ersten in Deutschland erschienenen Bücher Hemingways. „Seine kraftvolle Kompliziertheit, seine vitale Melancholie faszinieren ... Wer das Leben auf diese Art liebt, so bedingungslos, so kritiklos, so zynisch-fromm, der liebt gleich den Tod mit ..." Klaus Mann sollte nicht mehr erfahren, wie recht er damit hatte.

Wolfgang de Bruyn